JN441175

완생을 꿈꾸는 작은 기업의 인력 공식

완생을 꿈꾸는 작은 기업의 인력 공식

초판 1쇄 발행 2026년 2월 13일

지은이 서유정
펴낸이 장길수
펴낸곳 지식과감성#
출판등록 제2012-000081호

교정 한장희
디자인 강샛별
편집 강샛별
검수 정은솔, 이현
마케팅 김윤길

주소 서울시 금천구 벚꽃로298 대륭포스트타워6차 1212호
전화 070-4651-3730~4
팩스 070-4325-7006
이메일 ksbookup@naver.com
홈페이지 www.knsbookup.com

ISBN 979-11-392-3085-7(03320)
값 16,900원

지식과감성#
홈페이지 바로가기

완생을 꿈꾸는 작은 기업의 인력 공식

서유정 지음

'사람 때문에' 힘들었지만
'사람 덕분에' 성장한
중소기업들의 이야기

지식과감성#

목차

IV. 문제의 해답은 직원에게 있다

V. 진정한 '기업의 이익 = 직원의 이익'

VI. 정부 지원 정책은 도구일 뿐, 활용은 사람의 몫

Ⅶ. 워라밸, 직원의 삶도 존중한다는 약속

Ⅷ. 누구나 생산적인 직원이 될 수 있도록

Ⅸ. 처벌보다 보상, 그리고 피드백

X. MZ 세대와 소통하기

XI. 생산적인 팀워크의 조건

들어가며

많은 중소기업 대표가 공통된 문제점을 얘기합니다.

"일할 사람이 없어요."

"뽑아도 오래 못 가요."

짧은 한마디 뒤에는 한숨으로 보낸 수많은 밤이 있습니다. 우리 회사 정도면 괜찮은 거 같은데 왜 계속 퇴사할까, 왜 채용공고를 내도 연락이 없을까, 직원들은 지쳐가는데 인력 충원은 안 되니 대체 어떻게 해야 할까. 가끔은 "내가 계속 사업을 하는 게 맞는 걸까" 싶은 생각이 들기도 합니다.

이런 갈등 속에서도 사람만큼은 놓지 않은 중소기업들이 있습니다. '사람이 회사를 만든다'는 원칙을 믿고 조직문화를 바꿔낸 이들이 있습니다. 이 책은 그런 중소기업들의 이야기입니다. 이 책에 담긴 사례들은 거창하지 않습니다. 작은 노력이 하나하나 모여 회사를 바꾸었습니다. 사람을 향한 진심은 생각보다 멀리까지 가닿았습니다.

이 책은 '사람 때문에 힘들었던' 중소기업들이, '사람 덕분에 성장한' 중소기업이 되는 과정을 담았습니다. 조직을 이끄는 경영자에게는 방향을, 인사 실무자에게는 공감을, 정책을 만드는 사람들에게는 현장의 목소리를 전하는 책이 되기를 바랍니다.

회사가 사람을 지키면, 사람도 회사를 지킵니다. 이 책이 오늘도 치열하게 회사를 지키고 있는 당신에게 작은 위로와 힘이 되기를 바랍니다. 책에 담긴 사례를 공유해 주신 많은 분께 진심 어린 감사의 말씀을 전합니다.

그리고 책을 보시는 다른 분들도 곧 이렇게 외칠 수 있기를 바랍니다.

"우리 회사가 달라졌어요!"

I.
왜 '사람'이 핵심인가

"우리도 다른 회사만큼은 줘요. 급여도 평균 이상이고요. 복지 해주는 것도 뒤처지는 거 없고요. 그런데 왜 이렇게 사람이 자꾸 나갈까요?"

많은 기업 대표들이 이런 말을 합니다. 우리 회사 정도면 나름대로 신경 썼고, 가능한 한 조건을 맞춰주고 있다고 말입니다. 실제로 이들이 주변보다 조금 더 나은 연봉, 연차 보장, 간식 제공, 성과급 제도 등을 마련한 경우도 적지 않습니다. 그래도 사람은 오지 않고, 입사했던 사람도 금방 나가곤 합니다. 수시로 채용 공고를 올리고, 채용 절차를 거쳐야 하는 악순환은 좀처럼 멈추지 않습니다. 구직자들은 연중 계속 채용 공고가 걸려 있는 회사를 문제 있는 회사로 보기 때문에 더더욱 지원할 의지를 보이지 않습니다. 사람을 구하고 정착시키기가 점점 더 어려워지는 것입니다.

이들이 놓치고 있는 건 급여와 복지의 절댓값 못지않게 직원이 회사를 '어떤 장소'로 느끼느냐가 중요하다는 것입니다. 급여와 복지는 당연히 중요합니다. 하지만 그것만으로 직원이 머무는 시대는 지났습니다.

요즘 구직자들이 회사를 선택할 때 보는 주요 기준 중 하나는 '일할 맛'입니다. 회사가 나를 소모품으로 여기는지 존중하는지, 말이 통하는 조직인지 말해봤자 바뀌지 않는 곳인지, 근무하면서 '내가' 성장할 수 있을지, 몇 달만 일해보면 그 회사가 어떤 곳인지 금방 느낄 수 있습니다. 다른 회사보다 급여를 조금 더 준다고 해도, '나'를 소진시키는 회사, 성장할 가능성이 보이지 않는 회사, 개선 사항을 건의해도 소용없는 회사에서 직원이 만족하며 일하게 되진 않습니다.

많은 대표들이 "우리는 주변보다 못할 게 없다"고 말합니다. 하지만 정작 주변의 다른 기업에서 어떻게 하고 있는지조차 제대로 파악하지 못하고 있는 이들이 적지 않습니다. 과거의 방식에 사로잡혀 돈만 좀 더 주면 직원이 만족할 것이라고 착각하고, 개선할 의지를 보이지 않는다면 그 기업은 이미 늪에 한 발을 들이밀고 있는 것과 같습니다.

"우리는 문제없다"는 눈먼 확신은 직원의 이직을 개인의 문제 탓으로 돌리게 만들고, 채용 실패의 원인이 조직 내에 있음을 성찰하지 않게 합니다.

"우리는 이만하면 됐다"는 생각을 내려놓고, "왜 우리는 1년 내내 채용공고를 내야 하는가, 왜 우리 회사 직원들은 웃으면서 일하지 못하는가"를 생각해야 합니다. 기성세대처럼 일해주지 않는 MZ 세대를 욕한다고 그들이 마음을 바꿔 회사에 입사하고 열심히 일해주진 않습니다. 이제는 MZ 세대도 정착하고 싶어 하고, 생산성을 내는 조직문화를 기업이 나서서 만들어가야 합니다.

회사의 문제점을 가장 냉철하게 잘 짚어주는 것은 떠나는 직원들입니다.

"말이 안 통해요."

"뭘 기대할 수가 없어요."

"여기서는 내가 뭘 해도 똑같을 것 같아요."

이런 말들에 귀를 기울여야 합니다. 직원들이 '일하는 나'를 존중받고 있다고 느끼는가, 회사가 내 의견에 귀 기울이고 있다고 느끼는가, 내가 성장할 수 있을 거란 믿음이 생기는가, 이런 질문에 '예'라고 대답할 수 있는 조직은 생각보다 드뭅니다.

급여와 복지는 어디까지나 기초 체력일 뿐입니다. 진짜 중요한 건, 직원들이 "나는 이 회사에 필요한 사람이다", "회사는 나를 존중한다", "이 회사와 함께 성장할 수 있다"는 신뢰를 갖도록 만드는 일입니다. 그런 신뢰는 단지 제도에서 오는 것이 아니라, 조직의 분위기와 리더십, 일상의 소통에서 만들어집니다. 중소기업이 인력 부족과 잦은 이직의 악순환에서 벗어나기 위해서는 "우리는 무엇을 바꿔야 하는가"라는 질문을 스스로에게 해 봐야 합니다. 사람이 회사를 떠나는 데는 이유가 있습니다. 그리고 사람을 머무르게 하는 데도 이유가 있습니다.

지속가능 경영의 열쇠: 사람

우리나라가 처음 '경영'을 배운 것은 일제 강점기였습니다. 당시 경영의 핵심은 사람이 아니라 생산량, 가치가 아니라 효율이었습니다. 철저한 감시와 통제를 중심으로 한 극단적인 초효율 고강도 경영 방식(lean and mean management), 즉, 사람을 최소한의 비용으로 최대한 혹사하는 식민지형 경영이었습니다. 영국이 동인도 회사(East Indian Company)로 식민지를 착취했듯이, 일본은 동양척식회사로 우리나라의 고혈을 빨았습니다. 이것이 우리가 처음 배운 경영이었습니다.

이 방식은 단순히 한 시대의 특수한 현상이 아니었습니다. 노동의 가치를 형편없이 낮게 평가하고, 인건비를 투자나 자산이 아닌 '줄여야 할 비용'으로만 바라보는 관점은 해방 이후에도 산업화의 논리 속에 고스란히 재생산되었습니다. 그 결과, 사람의 존엄성을 잊고, '소모품'으로 취급되는 문화가 너무도 오랫동안 당연하게 자리 잡았습니다.

무책임한 조직, 직원을 소모품으로 생각하는 조직, 오늘날에도 이 과거의 그림자는 여전히 현재진행형입니다. 문제가 생기면 조직문화나 시스템의 오류보다 직원 개인의 태도나 역량 문제로 귀결됩니다. 조직적 갈등이나 이직률 증가조차 "요즘 애들 성격 탓"이라는 식으로 단순화됩니다. 직원은 그런 환경 속에서 업무에 몰입할 의욕을 내지 못합니다.

이러한 조직의 태도는 이제 회사의 생존 가능성 자체를 위협하는 시대착오적 경영 방식이 되었습니다. 지금 시대는 과거와 다릅니다. 사람은 더 이상 단순히 '고용되는 자원'이 아닙니다. 고객을 이해하고, 문제를 해결하고, 조직을 성장시키는 주체입니다. 또한 조직이 생산하는 상품과 서비스를 활용해 줄 잠재적 구매층이기도 합니다.

직원은 과거보다 훨씬 더 민감하게 조직의 문화, 경영자의 태도, 자신의 존중 여부를 느끼고 판단합니다. 사람을 소모하는 회사는 떠나고, 사람을 살리는 회사에 인재가 몰리는 이유가 바로 여기에 있습니다. 급여 몇만 원 차이가 아닌, 일할 맛, 성장 가능성, 존중받는 감각이 조직 선택의 기준이 되는 시대입니다.

성과를 내고 싶고, 직원의 충성심과 몰입을 원한다면, 이제는 경영자가 먼저 질문해야 합니다.

"우리 조직은 과연 사람을 어떻게 대하고 있는가?"

지속가능 경영의 핵심 열쇠는 결국 '사람'입니다. 사람을 소중하게 여기는 조직은 단지 '좋은 회사'가 아닙니다. 문제 해결이 빠르고, 위기 대응력이 강하고, 혁신이 지속되는 조직입니다. 반면, 사람을 도구처럼 여기는 조직은 결국 내부부터 무너집니다. 이직이 끊이지 않고, 책임 전가가 반복되고, 서로를 불신하는 동안 내부에서 먼저 침몰하게 됩니다.

지속 가능한 경영의 열쇠는 사람입니다.

사람을 이해하고, 존중하고, 함께 성장하려는 노력을 멈추지 않는 기업. 그런 기업이 단순히 살아남는 것에 그치지 않고, 시간이 갈수록 더 신뢰받고 더 강해질 수 있습니다.

과거의 착취형 경영에서 벗어나, 진짜 사람 중심 경영으로 전환해야 할 때입니다. 윤리경영을 표면적으로만 표방할 것이 아니라, 조직문화의 핵심에서부터 윤리경영이 이뤄져야 합니다. 그것이야말로 기업이 오래 살아남는 가장 현실적이고 전략적인 선택입니다.

사람에 대한 투자가 수익을 부른다

많은 경영자들이 말합니다. "사업은 결국 돈이다." 이 말은 틀리지 않습니다. 하지만 이런 말을 하는 경영자들은 종종 돈을 버는 것도, 지키는 것도 결국 사람이 한다는 사실을 놓치곤 합니다.

고객을 만족시키는 건 기계가 아니라 사람의 서비스이고, 품질을 높이는 것도 설비가 아니라 사람의 손끝입니다. 문제를 해결하고, 새로운 아이디어를 내는 것도 결국 사람의 머리에서 나옵니다.

'사람'을 중요하게 생각하는 사람이 최종 승자가 된다는 것은 역사만 봐도 알 수 있습니다. 한 예로, 일본 전국시대는 수많은 영웅들의 각축장이었습니다. 오다 노부나가는 군사적 재능과 카리스마로 빠르게 영토를 넓혔지만, 잔혹하고 무자비했기에 결국 고립되었고, 비극적인 최후를 맞았습니다. 다케다 신겐 역시 빼어난 무장이자 전략가였으나, 힘으로만 세상을 다스리기에는 한계가 있었습니다. 도요토미 히데요시는 낮은 신분에서 시작해 인간관계와 기민한 수완으로 권력을 쥐었으나, 사람과 사람 사이에 지켜야 할 신의를 모르는 인물이었습니다.

도쿠가와 이에야스에게는 다른 이들과 같은 무용이나 지략은 없었습니다. 하지만 그의 곁에는 굶주리고 헐벗으면서도 꿋꿋하게 주군을 지키는 가신들이 함께했습니다. 결국 통일된 일본에서 300년간 이어질 평화의 기틀을 닦은 것은 그였습니다.

현대의 기업 경영에서도 마찬가지입니다. 화려한 전략이나 과감한 혁신도 중요하지만, 조직을 진정으로 오래 가게 만드는 힘은 결국 사람과 신뢰입니다. 반복되는 역사는 그런 본질을 우리에게 가르쳐 주고 있습니다.

이 점은 통계 데이터를 통해서도 확인할 수 있습니다. 직원 이직으로 인한 기업의 손실 비용을 계산한 여러 조사를 살펴보면, 퇴사한 직원의 연봉 50-200%에 달한다는 결과를 확인할 수 있습니다.[1] 회사에 남아 있는 직원 중에서도 몰입한 사람과 무관심한 사람 사이의 생산성은 크게 차이가 나며, 몰입한 직원은 이직률도 낮습니다.[2] 직원이 이직하지 않고 오래 머무르면, 교육훈련 비용도 줄고, 직원 본인의 노하우도 쌓입니다. 즉, 직원이 몰입할 수 있는 좋은 조직문화를 구축함으로써 장기적으로 기업의 비용은 줄고, 경쟁력은 성장합니다.

사람에게 쓰는 돈은 지출이 아니라 투자입니다. 사람에게 투자하면 이직

---

1) Gallup (2019. 3. 13.). This Fixable Problem Costs U.S. Businesses $1 Trillion. 출처: https://www.gallup.com/workplace/247391/fixable-problem-costs-businesses-trillion.aspx (검색일: 2025. 7. 16.)
Ranstad (2023. 8. 11.). Focusing on the high cost of employee turnover. 출처: https://www.randstad.ca/employers/workplace-insights/talent-management/focusing-on-the-high-cost-of-employee-turnover/ (검색일: 2025. 7. 16.)
Applauz (2025. 1. 13.). The Real costs of Employee Turnover in 2025. 출처: https://www.applauz.me/resources/costs-of-employee-turnover (검색일: 2025. 7. 16.)

2) Harter, J. K. & Schemidt, F. L. (2002). Business-unit-level relationship between employee satisfaction, employee engagement, and business outcomes: a meta-analysis. Journal of Applied Psychology, 82(2), 268-279.
Gallup (2025). State of the Global Workplace: Understanding Employees, Informing Leaders. 출처: https://www.gallup.com/workplace/349484/state-of-the-global-workplace-2025-report.aspx (검색일: 2025. 7. 16.)

이 줄고, 품질과 생산성, 고객 만족도까지 모두 올라갑니다. 반대로 사람을 무시하면 유능한 인재가 빠져나가고, 노하우가 유출되며 비용 손실이 발생합니다. 특히 중소기업일수록 사람 한 명의 힘이 큽니다. 작은 조직에서 한 사람이 잘하면 회사 전체가 살아나지만, 한 사람이 빠져나가거나 의욕을 잃으면 기업이 흔들릴 수도 있습니다.

하지만 제가 이렇게 말해도 여전히 "회사 한번 경영해 본 적 없는 사람이 뭘 아느냐?"라고만 생각하실 분들이 계실 겁니다. 또는 "그런 건 대기업에서나 할 수 있는 거다"라고 주장하는 분도 계실 겁니다. 그분들의 개안(開眼)을 위해, 다음 장부터는 중소기업에서 경험한 실제 사례를 살펴보도록 하겠습니다.

기업의 규모는 인력 관리 방식과 조직문화 형성에 큰 영향을 미칩니다. 직원 한 사람의 변화가 전체 분위기에 직접적인 영향을 미치기도 하고, 경영자의 의사결정이 곧 조직 전체의 방향을 결정하기도 합니다. 이 책의 사례들은 작은 기업들이 조직 내 갈등을 해결하고, 직원이 머무르는 회사를 만들기 위해 고심한 현장의 목소리를 보여주고 있습니다.

이 사례들이 기업을 경영하고 인력을 관리하는 여러분에게 작게나마 도움이 되기를 바랍니다. 사람이 회사를 만들고, 사람이 회사를 바꿉니다. 그 출발점에 함께 서 보시길 바랍니다.

II.
사람으로 답한 기업들

사람이 기업을 움직이고, 진심은 사람을 움직입니다. 그리고 그 진심은 위기 속에서 더욱 빛을 발합니다. 기업이 직원 한 사람, 한 사람을 진심으로 대할 때, 그 관계 속에서 어떤 변화가 일어날 수 있을까요?

사례 1) 신뢰와 보상 – 직원을 감화한 10인 미만 기업

"우리 사장님은 우리 같은 사람도 존중해 주세요."

지방의 한 소도시에 자리한 작은 서비스업체에서 벌어진 변화입니다. 단지 매출이나 운영 방식이 아니라 사람에 대한 태도가 조직을 어떻게 바꾸는지를 보여줍니다.

이 회사의 대표는 어릴 적부터 어머니로부터 이런 말을 듣고 자랐습니다.

"굶지 않을 만큼 벌면, 그다음부터는 사회를 위해 기여하며 살아야 한다."

그는 성인이 되어 전문 면허를 취득하고 자신의 이름을 건 사업장을 열었습니다. 처음에는 직원이 단 한 명뿐인 작은 공간이었습니다. 새로 고용한 직원은 나이는 꽤 많은 편이었으나 경력도 없었고, 다소 예민하고 날카로운 성격을 가지고 있었습니다. 초반에는 고객들과 마찰을 빚는 일이 적지 않았습니다.

그럴 때마다 대표는 직접 나서서 갈등을 풀고, 일이 마무리되면 직원의 마음을 다독였습니다. 직원의 기분이 가라앉은 후에는 조용히 "이럴 땐 어떻게 대응하면 좋을까요?" 하고 함께 생각해 보는 시간을 가졌습니다.

어느 날, 처음으로 한 달 동안 고객과 아무 갈등 없이 지낸 달이 있었습니다. 대표는 수고한다, 고맙다는 말과 함께 그달 월급에 10만 원이 넘는 돈을 추가로 얹어 주었습니다. 직원은 그저 고용된 사람이 아닌, 함께 일하는 동료로 존중받고 있다는 걸 느꼈습니다. 그 이후에도 이런 일이 반복되자, 직원은 점점 대표를 닮아갔습니다. 말투는 부드러워졌고, 고객을 대하는 태도도 달라졌습니다. 사장과 직원이 함께 친절하다는 소문이 퍼졌고, 고객들도 늘어났습니다.

대표는 어느 날 직원과 상의한 끝에, 소액을 받고 해오던 부가 서비스를 무료로 전환하기로 했습니다. 그렇게 마음을 담은 서비스가 시작되었고, 더 많은 고객들이 문을 열고 들어오기 시작했습니다. 무료 서비스를 이용하러 왔다가 고액 유료 서비스를 함께 이용하는 고객도 많아졌습니다.

일이 많아지면서 대표는 새로운 직원을 추가로 고용했습니다. 이번에는 10대 시절에 학교를 중퇴한 젊은 직원이었습니다. 그 역시 처음에는 성격이 까칠한 편이었지만, 대표와 선임의 영향을 받으면서 점차 달라졌습니다. 친절한 말투, 부드러운 눈빛, 손님을 존중하는 태도가 자연스러워졌습니다.

또 하나 놀라운 점은 다른 사업장과 달리, 이 가게에는 '진상 고객'이 극히 드물었다는 점입니다. 물론 전혀 없진 않았지만, 누군가 억지를 부리려 하면 다른 고객들이 먼저 나서서 말렸습니다. 진심을 담은 친절과 존중은 고객들에게도 전해졌고, 결국 그 공간 전체의 문화를 바꾸어 놓았습니다.

A. 산업

이 회사는 서비스업 분야에 속해 있으며, 지역 주민들을 대상으로 하는 고객 응대 중심의 사업을 운영하고 있었습니다.

B. 기업 규모

직원 수는 10인 미만의 소규모 기업이었고, 대표 포함 2-3명으로 시작한 아주 작은 사업장이었습니다.

C. 배경

대표는 "사람답게 사는 삶"에 대한 철학을 갖고 있었고, 처음부터 직원에게도 그러한 가치를 실현하고 싶었습니다. 하지만 현실에서는 갈등이 잦았고, 처음 고용한 직원은 고객 응대에 익숙하지 않아 마찰이 많았습니다.

D. 도전과제

경험이 없는 직원의 날카로운 성격, 반복되는 고객과의 갈등, 그리고 추가 인력 없이 대표가 직접 대응해야 하는 현실적인 어려움이 있었습니다.

E. 해결 전략

대표는 직원의 실수를 질책하지 않고, 본인이 나서서 고객과의 갈등을 해결했습니다. 이후에는 직원의 감정을 다독이고, 직원이 차분해진 다음에 함께 대응 방안을 찾아갔습니다. 성과를 보이면 금전적으로 보상하고, 일상의 작은 변화를 인정해 주는 방식으로 신뢰를 쌓았습니다. 이후에는 직원과 상의해 서비스 정책도 개선해 나갔습니다.

F. 성과

직원은 점차 부드럽고 따뜻한 태도로 변화했고, 고객들 사이에 긍정적인 입소문이 퍼졌습니다. 손님 수가 늘어나면서 매출도 자연스럽게 증가했고, 서비스 정책 개선을 통해 고액 유료 고객도 늘어났습니다. 새로 채용한 젊은 직원도 이 따뜻한 문화에 영향을 받아 긍정적으로 변화했고, 진상 고객도 스스로 걸러지는 분위기가 형성되었습니다.

G. 시사점

이 사례는 작은 조직이라도 사람 중심의 태도와 신뢰 기반의 리더십이 얼마나 강력한 문화를 만들 수 있는지를 잘 보여줍니다. 실수를 바로잡는 방식이 아닌, 함께 성장하는 관계가 직원의 태도를 바꾸고, 결국 고객의 태도까지 바꾼다는 점에서 매우 인상적인 사례입니다. 변화는 명령이 아닌 존중에서 시작되며, 작은 행동 하나하나가 모여 조직을 특별하게 만듭니다.

사례 2) 소통이 경쟁력 – 대화로 조직문화를 바꾼 50인 미만 기업

"회사가 왜 이렇게 숨 막히냐고요!"

어느 날, 모 회사의 퇴사 면담 자리에서 퇴사하는 직원이 울컥하며 한 말입니다. 사례의 회사는 급여도 동종 업계 다른 회사랑 별반 차이가 없었고, 복지 제도도 뒤처지지 않았습니다. 하지만 직원들은 늘 표정이 어두웠고, 회사 안은 뭔가 늘 무겁고 팽팽한 긴장감이 흘렀습니다. 대표는 고민했습니다. "다른 회사 직원은 웃으면서 일하던데, 왜 우리 직원은 이렇게 힘들어할까?" 그 고민은 곧 회사 성장률 침체라는 현실적 문제로 이어졌고, 잦은 이직률과 연중 내내 떠 있는 채용 공고가 회사의 가장 큰 숙제가 되었습니다.

대표는 큰마음 먹고 외부 전문가에게 컨설팅을 의뢰했고, 가장 먼저 '직원들의 목소리를 있는 그대로 들으라'는 자문을 받았습니다. 익명 인터뷰와 설문을 진행해 보니, 직원들은 회사가 자신들을 "일 시키는 기계처럼 대한다"고 느끼고 있었습니다. 실수하면 무조건 혼나는 분위기, 소통 없는 일방적 지시가 가장 큰 스트레스였습니다.

대표는 먼저 회의 문화를 바꾸려는 시도를 했습니다: 1) 문제의 책임을 묻기 전에 "왜 그렇게 했는지" 먼저 확인하기; 2) 직원이 의견을 내면 "누가 책임질 거냐" 묻지 않고 함께 해법 찾기; 3) 개선안을 내면 "안 돼"라고 자르지 않고, 일단 들어보고 논의하는 습관 만들기.

처음에는 관리자 직급부터 변화에 적응하는 데 어려움을 겪었고, 생산직 직원들도 낯설어했습니다. 하지만 낯선 분위기 가운데 서로 말을 조심하는 분위기가 형성되었습니다.

대표는 매주 생산직 직원들과 아침 커피 미팅을 시작해 소소한 이야기를 나누었습니다. 노측의 대표급 직원만이 아니라, 일반 직원들과도 함께했습니다. 초반에는 직원들이 대표와 함께 차를 마시는 걸 불편해했으나, 젊은 직원부터 하나둘씩 회사가 해줬으면 하는 것들을 말하기 시작했습니다. 대표는 어떤 의견도 쓸데없는 의견이라고 무시하지 않았습니다. 회사 사정상 할 수 없다고 거절하는 일도 없었습니다.

직원의 건의 사항 중 빠르게 처리할 수 있는 것들은 바로 바꿔주었습니다. 처리가 어려운 것들은 직원과 커피를 마시는 자리에서 계속 고민하고 있다며, 잊지 않았음을 알려주었습니다. 큰 변화는 아니었지만 직원들은 점점 대표가 "우리 얘기를 들어주는 사람"이라고 느끼기 시작했습니다. 대표에 대한 반감이 극심하던 고령자 생산직 직원도 어느 순간부터 대표의 옆에 앉아 편안하게 얘기하게 되었습니다.

A. 기업 규모

이 회사가 속한 분야는 제조업으로 점차 침체되는 시장 규모 때문에 매출의 성장을 기대하기 어려웠습니다. 지방에 위치한 곳으로, 규모는 10-50인 수준입니다. 작은 만큼, 직원 한 사람, 한 사람이 매우 절실한 상황이었습니다. 그런 가운데 직원의 퇴사가 잦다는 점이 대표의 큰 고민이었습니다.

B. 배경

대표는 늘 직원들에게 가능한 한 급여와 복지를 잘 챙겨주려고 애썼습니다. 같은 지역의 동종 업계 회사와 비교하면 뒤처지는 면이 없었습니다. 하지만 현장 분위기는 늘 침체되어 있었고, 회사의 매출 증가율도 점차 주춤했습니다. 대표는 "대체 뭐가 문제인지 모르겠다"라며 답답해했습니다.

C. 도전과제

직원들의 표정은 늘 어두웠고, 사소한 일에도 쉽게 갈등이 생겼습니다. 잦은 이직으로 채용 공고가 1년 내내 내려갈 날이 없었습니다. 대표는 왜 직원들이 회사를 "왜 이리 숨 막힌다"라고 느끼는지 이유를 몰라 속을 태웠습니다.

D. 해결 전략

대표는 외부 컨설턴트의 조언에 따라 진심으로 직원의 목소리를 듣기 시작했습니다. 직원들은 회사가 자신들을 "일만 시키는 기계처럼 대한다"고 느끼고 있었고, 실수하면 일단 혼나고, 의견을 말해도 묵살되는 분위기에 큰 스트레스를 받고 있었습니다.

대표는 책임 전가보다는 원인 파악과 해법을 찾는 한편, 직원의 건의안을 귀담아듣는 문화를 조성하기 위해 노력했습니다. 일반 직원과 아침 커피를 마시면서 그들의 이야기를 듣고 싶다는 태도를 보였고, 젊은 직원부터 하나둘씩 "회사에 바라는 점"을 말하기 시작했습니다.

대표는 그 어떤 건의도 가볍게 넘기지 않았습니다. 바로 실행할 수 있는 건 빠르게 바꿨고, 시간이 걸리는 건 "지금 검토 중"이라고 솔직하게 말했습니다. 이 작은 변화가 직원들에게 "회사가 내 말을 들어준다", "대표가 우리 편이다"라는 느낌을 주기 시작했습니다.

E. 성과

불과 몇 달 만에 직원들 사이에서 "이제 좀 숨통이 트인다"는 말이 나오기 시작했습니다. 퇴사 의사를 밝히던 직원 두 명이 마음을 돌렸습니다. 회사의 채용 공고가 지워졌습니다. 무엇보다 회사 내부의 분위기가 한결 밝아졌고, 직원들끼리 서로 대화를 시도하는 모습이 자주 보이기 시작했습니다. 2년째 되던 해에는 매출도 소폭이지만 성장세를 보였습니다.

F. 시사점

이 사례는 조직문화를 바꾸는 가장 현실적이면서도 근본적인 해법은 '대화'에 있다는 점을 보여줍니다. 급여나 복지는 기본 조건일 뿐, "내가 존중받고 있다", "내 말을 듣고 있다"는 감각이 조직에 머무르게 하는 동기입니다. 특히나 급여나 복지 조건이 비슷한 다른 기업이 주변에 많다면, 직원을 존중해 주지 않는 사업장에 계속 머무를 이유가 없습니다.

작은 사업장일수록 갈등이나 단절의 여파도 빠르게 확산되지만, 변화한 리더의 긍정적인 효과도 더 빠르게 퍼져 나갑니다.

"회사 분위기가 나를 옥죄는 곳이 아니라, 숨 쉬게 해주는 곳"이라고 느끼는 순간, 직원은 스스로 남고 싶어집니다. 그리고 그것이 조직을 성장하게 하는 탄탄한 기반이 됩니다.

사례 3) 노사 상생 – 어려울수록 콩 한 쪽도 나눠 먹은 100인 미만 기업

"같이 버티자고 하셨잖아요. 그래서 끝까지 버텼어요."

코로나19가 한창이던 시기였습니다. 직원 수가 51명에서 100명 사이인 어느 제조업체가 큰 위기를 맞았습니다. 매출이 급감하면서 회사 안팎의 분위기는 그야말로 얼어붙었고, 대표 역시 앞으로 얼마나 버틸 수 있을까 하는 불안을 떨칠 수 없었습니다.

그런데 바로 그 시기에, 대표는 대출을 받아서 전 직원에게 성과금을 지급했습니다. 그리고 같이 버텨보자고 직원들을 독려했습니다. 아무도 그런 상황에서 성과금을 기대하지 못했던 터라, 직원들은 놀라면서도 감동을 받았습니다. 한 직원은 나중에 이렇게 이야기했습니다. "사장님이 우리도 힘든 거 안다고, 같이 버티자고 하셨잖아요. 그래서 저도 끝까지 버텼어요."

대표의 진심 어린 결정은 움츠러들었던 직원들의 마음을 움직였습니다. 지쳐 있던 직원들은 "우리 사장님이 우리를 믿는다"는 생각에 다시 힘을 내기 시작했고, 각자의 자리에서 어떻게든 성과를 내기 위해 최선을 다했습니다.

얼마 후, 대표는 또 한 번 직원들을 불러 모았습니다. "우리 올해 매출 목표를 이만큼 세웠습니다. 그 목표를 달성하면, 다시 전 직원에게 똑같이 성과금을 지급하겠습니다."

회의장 안은 금세 환호와 박수로 가득 찼습니다. 대표가 자신들을 믿어

준 만큼, 직원들도 회사를 위해 끝까지 달리기로 결심했습니다. 그해 이 회사는 매출 목표를 초과 달성했습니다. 대표는 약속을 지켰습니다. 경영진이라고 해서 성과금을 더 가져가지 않았습니다. 대표부터 막내 사원까지, 직급이나 연차에 상관없이 모두 똑같은 액수의 성과금을 받았습니다. 대표는 이렇게 말했습니다. "모두가 똑같이 힘들었고, 모두가 함께 버텼으니, 성과도 똑같이 나누어야 한다고 생각합니다."

사장의 결정은 흔히 경영진이 성과금을 더 많이 가져가는 다른 회사들과는 분명히 달랐습니다. 위기를 넘긴 것에 그치지 않고, 직원들의 마음속에 "사장님과 함께라면 끝까지 버텨볼 만하다"는 깊은 신뢰를 심어 주었습니다.

A. 산업

회사가 속한 분야는 제조업이었습니다. 코로나19로 산업 전반이 크게 위축되며 수주가 줄고 매출이 크게 떨어진 상황이었습니다.

B. 기업 규모

직원 수는 51명에서 100명 사이였으며, 중소기업이었기에 한 해의 매출 변동이 기업 존폐와 직결되었습니다.

C. 배경

코로나19 팬데믹의 여파로 매출이 급감하며 대표는 자금 유동성에 대한 압박을 크게 느꼈고, 직원들 역시 장래에 대한 불안감으로 크게 지쳐 있었습니다. 퇴사를 고민하는 직원들도 하나둘 생겨났고, 회사 안은 점점 무겁고 침체된 분위기로 흘러갔습니다.

D. 도전과제

가장 큰 도전은 매출 급감과 심각한 경영난이었습니다. 직원들은 사기가 떨어져 있었고, 일부는 회사를 떠날 생각까지 하고 있었습니다. 대표는 "어떻게 해야 직원들과 이 위기를 함께 견딜 수 있을까"를 끊임없이 고민했습니다.

E. 해결 전략

대표는 회사를 살리기 위해 직원들과 함께 이겨내기로 결심했습니다. 대출을 받아 전 직원에게 동일한 액수의 성과금을 지급했고, 이를 통해 직원들에게 회사가 결코 그들을 버리지 않을 것이라는 신뢰를 주었습니다. 그리고 전체 회의에서 올해의 매출 목표를 공개하며, 목표를 달성하면 다시 동일한 성과금을 지급하겠다고 약속했습니다. 무엇보다 중요한 점은 경영진이라고 해서 성과금을 더 가져가지 않았다는 사실입니다. 대표부터 막내 사원까지, 모두가 똑같이 성과를 나누었고, 대표는 "모두가 함께 버텼으니, 성과도 함께 나누어야 한다"고 강조했습니다.

F. 성과

대표의 진심 어린 결정은 직원들의 마음을 움직였습니다. 직원들은 "이 회사라면 끝까지 버텨볼 수 있다"는 믿음을 갖고 다시 각자의 자리에서 최선을 다했습니다. 결국 그해 회사는 매출 목표를 초과 달성했고, 대표는 약속대로 전 직원에게 동일한 액수의 성과금을 지급했습니다. 회사 안의 분위기는 한층 밝아졌고, 직원들 사이에는 대표에 대한 깊은 신뢰와 소속감이 자리 잡았습니다.

G. 시사점

이 사례는 우리에게 분명히 알려줍니다. 위기일수록 사람의 마음을 얻는 것이야말로 기업 생존의 핵심이라는 사실을 말입니다. 금전적 보상도 물론 중요하지만, 그것을 "같이 버티자"는 진정성 있는 메시지와 함께 전하는 리더십이 사람을 붙잡습니다. 경영진이 먼저 희생하고 약속을 지키는 모습은 직원들에게 "이 회사가 나를 믿고, 나도 회사를 믿을 수 있다"는 확신을 줍니다. 그리고 그 믿음은 결국 어떤 위기 속에서도 회사를 다시 일으켜 세우는 가장 큰 힘이 된다는 것을 이 회사는 잘 보여주었습니다. 성과를 공정하게 나누는 원칙이야말로 직원들이 회사를 "내 일터"라고 느끼게 하고, 그것이 곧 기업의 지속가능성을 높이는 가장 강력한 무기임을 이 사례는 분명히 증명하고 있습니다.

사례 4) 위기 속에서도 '사람' 우선 – 신뢰가 성과로 돌아온 300인 미만 기업

"우리 회사는 사장 혼자 만드는 게 아니라, 다 같이 만들어 가는 겁니다."

이 사례는 300인 미만의 중소 제조업체에서 경험한 사례입니다. 이 기업의 대표는 처음부터 '노사 양측이 같은 목표를 향해 한 마음으로 나아가는 조직'을 만들고 싶다는 꿈을 갖고 있었습니다. 그래서 수익이 생기면 그 일부를 직원들과 나누고, 지속적으로 조직문화를 개선해 가며 더 좋은 일터를 만드는 데 투자해 왔습니다.

그런데 코로나19가 터지며 모든 것이 위태로워졌습니다. 주된 수익원이 타격을 받으면서, 영업이익은 사실상 마이너스 수준까지 떨어졌습니다. 그 상황에서 많은 경영자들이 비용 절감부터 생각했을 것입니다. 하지만 이 대표는 다른 선택을 했습니다. 조직문화혁신 추진 활동을 포기하지 않았고, 함께해 주는 직원에 대한 보상도 멈추지 않기로 한 것입니다.

그는 대출까지 받아가며 조직문화혁신 경비와 직원 보상 예산을 확보했습니다. 또 내부적으로는 그 시기조차 '조직문화 혁신'의 기회로 삼았습니다. 전사적으로 함께 위기를 넘기기 위해 무엇을 할 수 있는지 논의했고, 함께 정한 목표에 맞춰 모두가 조금씩 변화를 실천해 나갔습니다.

이 선택은 결국 대표에게, 그리고 조직 전체에게 보상으로 돌아왔습니다. 바로 다음 해, 기업의 매출은 무려 두 배 이상 성장했고, 대출 자금도 모두 상환할 수 있었습니다. 단순히 경영 전략이나 영업 기회가 잘 맞아서만은 아니었습니다. 위기의 순간에 대표가 직원들을 신뢰하고 끝까지 함께 가고자 했던 결정, 그에 응답한 직원들의 자발적 몰입과 노력 덕분이었습니다.

A. 산업

해당 기업은 제조 기반의 중소기업이며, 300인 미만으로 분류된 곳입니다. 정밀 가공 및 산업 장비 관련 부품을 주력으로 생산하고 있습니다.

B. 기업 규모

실제 직원 수는 100인을 약간 넘는 수준이며, 생산직과 사무직, 기술직, 연구개발 부서까지 골고루 구성되어 있는 체계적인 기업입니다. 사내 노조도 활동 중이었으며, 대표는 취임 초부터 노사 간의 신뢰를 바탕으로 회사를 운영하는 데 집중해 왔습니다.

C. 배경

대표는 평소 "노사가 같은 목표를 향해야 조직도 성장한다"는 신념을 갖고 있었습니다. 조직문화 개선을 위한 진단과 혁신 프로그램을 꾸준히 운영하고, 직원들에게도 성과 보상 체계를 도입해 왔습니다. 이 과정에서 직원과의 신뢰 관계가 천천히, 하지만 단단하게 쌓였습니다.

D. 도전과제

2020년 코로나19가 전 세계적으로 확산되면서, 해당 기업의 주요 수주처들 또한 생산을 중단하거나 발주를 취소했습니다. 그해 회사의 영업이익은 사실상 마이너스에 가까웠고, 경영진 내부에서는 고정비 절감과 투자 보류 등을 검토해야 한다는 의견도 많았습니다.

하지만 대표는 그럴수록 사람에 대한 투자를 멈춰선 안 된다고 판단했습니다. "지금 우리가 위기라고 해서 사람에 대한 투자를 끊으면, 이 위기가 끝난 뒤 우리는 더 나빠질 것"이라는 신념이 있었습니다. 그 판단 아래, 그는 외부 자금을 대출받아 조직문화 혁신 활동과 직원 보상 예산을 그대로 유지하기로 결정했습니다.

E. 해결 전략

대표는 이 위기를 기회로 바꾸기 위해 '회사에 대한 직원의 신뢰를 지키자'는 생각을 중심으로 조직을 움직였습니다. 그리고 직원들은 그 신뢰에 실질적인 성과로 응답했습니다. 각 부서는 스스로 비용 절감 방안을 내고, 고객사와의 관계 유지에 더욱 힘을 쏟았으며, 연구부서에서는 신규 사업 아이디어까지 제시했습니다.

코로나 시기였지만 조직문화 혁신 활동은 그대로 유지되었습니다. 매출이 떨어져도 고용만큼은 계속 유지했습니다. 대출까지 받아가며 혁신과 보상을 위한 재원을 마련하고, 모든 직원에게 약속된 보상을 지급했습니다.

또한 전사 차원의 아이디어 제안 제도를 통해 함께 위기를 극복해 나간다는 공동체 의식을 확산시켰습니다.

F. 성과

바로 다음 해부터 매출은 두 배 이상 증가했고, 덕분에 대출금도 조기 상환할 수 있었습니다. 전사 만족도 조사에서 직원 신뢰도가 상승했고, 직원이 제안한 아이디어가 실제 신사업으로 실현되기도 했습니다. 무엇보다 의미 있는 성과는 '조직 전체가 같은 방향을 바라보게 된 것'이었습니다. 위기 속에서 서로를 신뢰하고 한 걸음씩 나아간 경험은 이후 어떤 위기가 오더라도 이겨낼 수 있다는 믿음으로 이어졌습니다.

G. 시사점

이 사례는 '위기 속에서 무엇을 포기하지 않을 것인가'를 결정하는 일이 얼마나 중요한지를 보여줍니다. 경제 위기가 오면 많은 기업이 비용 절감과 구조조정부터 고민합니다. 하지만 사례 속 기업은 '사람과 조직문화'를 우선순위에 두었습니다. 그리고 그 신념은 놀라운 성과로 돌아왔습니다. 특히 중소기업은 자원이 제한된 만큼 '무엇을 계속 지킬 것인가'에 따라 회사의 정체성과 생존 가능성이 갈립니다. 이 기업처럼 위기 속에서도 인재를 중심에 둔 경영은, 단기적으로는 어렵더라도 중장기적으로는 조직 전체의 성장을 이끌어낼 수 있습니다.

사람은 비용이 아니라 자산입니다. 이 단순한 진리를 실천으로 증명한 기업의 사례는, 지금 이 순간에도 조직의 지속 가능성을 고민하는 수많은 중소기업들에게 깊은 울림을 줍니다.

위에서 살펴본 네 가지 사례는 다른 이야기 같지만, 결국 하나의 메시지를 전하고 있습니다.

첫 번째 사례는 물질적인 욕심을 내려놓고, 사람 중심의 태도와 신뢰 기반의 리더십으로 작은 사업장을 알차게 꾸려간 대표의 사례를 보여줍니다. 사장이 먼저 손을 내밀고 따스한 손길을 전하자, 직원들도 점차 그에 감화되어 갔고, 고객 만족도 높아져 사업장은 한층 더 번창하게 되었습니다.

두 번째 사례에서는, 급여와 복지만으로는 직원들을 붙잡을 수 없다는 현실을 보여주었습니다. 표정 없는 조직에서 숨 막히듯 일하던 직원들이 대표가 시작한 작은 소통의 변화를 통해 비로소 "일할 맛"을 되찾고, 이직률도 점차 줄어들기 시작했습니다. 사람을 대하는 방식이 곧 조직의 분위기와 생산성을 바꿀 수 있다는 사실을 잘 보여준 이야기였습니다.

세 번째 사례는 위기 속에서의 사람 중심 경영이 얼마나 강력한지를 잘 말해줍니다. 코로나19로 매출이 곤두박질치던 한 제조업체 대표는 대출까지 받아 전 직원에게 동일한 성과금을 지급하며 "같이 버티자"고 말했습니다. 그 진심이 직원들의 마음을 움직였고, 결국 회사는 목표를 초과 달성했습니다. 공정하게 성과를 나누고 약속을 지키는 리더십이야말로 위기를 이겨내는 원동력임을 보여준 사례였습니다.

네 번째는 코로나 위기 속에서도 직원과 조직문화 개선을 우선시 한 대표의 사례입니다. 그는 결코 직원의 손을 놓지 않았고, 더 나은 직장을 만들기 위한 활동 경비를 마련하기 위해 대출까지 받았습니다. 직원들의 적극적인 참여는 이듬해 두 배 이상 증가한 매출을 가져왔습니다. 위기 속에서도 사람을 신뢰한 결정이 조직 전체의 성장과 성과로 이어진 것입니다.

위 사례는 공통적으로 사람을 소모품이 아닌 동반자로 대할 때, 비로소 조직이 숨을 쉬고 성장할 수 있음을 보여줍니다. 사람 중심 경영은 더 이상 거창한 구호가 아닙니다. 그것은 일상의 작은 소통, 공정한 성과 배분, 그리고 서로의 다름을 인정하고 배우려는 태도에서 시작됩니다. 그 변화가 한 사람의 마음을 살리고, 결국 기업의 미래를 살리는 힘이 됩니다.

III.
갈등 관리, 단순한 관리가 아니다

앞 장에서는 기업 규모별로 '사람 중심 경영'이 어떻게 실천되고 있는지를 다양한 사례를 통해 살펴보았습니다. '사람을 중심에 둔 경영'은 이후의 장에서도 변함없이 유지될 이 책의 핵심 기조입니다. 이제부터는 그 기조를 바탕으로, 구체적인 문제 상황에서 조직이 어떻게 사람 중심의 방식으로 해법을 찾아갔는지를 주제별로 살펴보고자 합니다.

이번 장의 주제는 '갈등 관리'입니다. 조직 안에서 갈등은 피할 수 없는 현실이지만, 그 갈등을 어떻게 대하고 풀어가는가에 따라 전혀 다른 결과가 만들어집니다. 사람을 중심에 둔 접근은 갈등 상황에서도 유효할 수 있을까요? 다음 사례들을 통해 그 해답을 찾아보겠습니다.

사례 1) 긍정의 미러링 – 성별 갈등 해소

"내가 대우받고 싶은 방식으로 동료를 대하자."

지방에 위치한 한 제조업체에서는 오래전부터 관리직과 현장직 사이의 갈등이 깊어지고 있었습니다. 이 회사는 전체 인원이 20명도 채 되지 않는 규모의 작은 사업장이었지만, 내부 분위기는 결코 작지 않은 문제를 안고 있었습니다.

관리직은 모두 남성이었고, 현장직은 대부분 여성이었습니다. 문제는 이들 간의 관계에서 비롯되었습니다. 남성 관리자들은 현장직 여성들이 말을 듣지 않는다며 불만을 토로했고, 현장직은 관리자들이 자신들을 무시하고 고압적으로 대한다며 불편함을 표현했습니다. 양측의 갈등은 때때로 격해졌고, 겉으로 보기에도 감정의 골이 깊다는 것이 느껴졌습니다. 어떤 날은 서로를 향해 폭언이 오갈 만큼 상황이 악화되기도 했습니다.

이어지는 갈등 속에서 대표는 결단을 내렸습니다. "같이 술 마시는 워크숍이 아니라, 정말로 제대로 배워야 한다"는 생각으로 전 직원 대상 조직문화 개선 워크숍을 기획했습니다.

워크숍 첫날은 남성과 여성 직원을 분리해서 진행했습니다. 같은 성별끼리는 비교적 편하게 이야기를 나눌 수 있었기 때문에 분위기는 화기애애했습니다. 각 그룹은 한두 가지 게임으로 분위기를 푼 뒤, 점점 더 구체적인 문제 해결 활동을 이어가기 시작했습니다. 그런 활동의 일환으로 상대 성별과의 갈등 사례를 떠올리며, "그때 이렇게 말해줬다면 어땠을까?", "내가 이렇게 말했더라면 싸우지 않았을 텐데" 하는 생각을 나누었습니다.

밤에는 양쪽의 이야기를 서로에게 전해주는 시간을 가졌습니다. 여직원의 말은 남직원에게, 남직원의 말은 여직원에게 전달되었고, 그 이야기를 듣고 몇몇 직원은 자신이 받았던 상처가 오해에서 비롯된 것이었음을 깨닫고 눈물을 보이기도 했습니다. 그 과정 속에서 직원들은 한 가지 중요한 사실에 공감하게 되었습니다. "내가 대우받고 싶은 방식으로 상대방에게 말해야 한다." 단지 말하는 것이 아니라, 어떻게 말하느냐가 중요하다는 걸 체감한 시간이었습니다.

다음 날 아침, 남직원들이 먼저 움직였습니다. 대표와 남성 관리자들이 여직원을 위해 직접 아침 식사를 준비했습니다. 여직원들은 놀랐지만 기쁘게 식사를 받아들였고, 나가는 길에 "맛있었다", "고마웠다"는 인사를 건네는 이들도 있었습니다. 돌아오는 길에는 남녀 직원들이 함께 버스를 탔고,

여직원들은 준비해 온 간식을 나눠주었습니다. 남직원들은 고맙다고 인사를 건넸고, 그렇게 워크숍을 마친 직원들 사이에는 전과는 다른 따뜻한 공기가 감돌았습니다.

물론 이 단 한 번의 워크숍으로 모든 갈등이 해결된 것은 아니었습니다. 남녀 간의 성별 문제뿐만 아니라 직군 간의 위계와 문화 차이도 얽혀 있었기 때문입니다. 하지만 워크숍을 통해 직원들은 서로를 대할 때 "내가 대우받고 싶은 방식으로 상대를 대하자"는 인식을 갖게 되었습니다. 대표는 그 문장을 회사 곳곳에 붙였습니다. 사무실 벽, 휴게실, 생산라인 뒤편 벽면까지도. 그 표어가 눈에 띄는 자리에 자리 잡으면서, 남성 관리자들은 여직원을 향해 거칠게 말하는 태도를 줄이기 시작했고, 여직원들 역시 날이 선 말투를 점차 가라앉혔습니다.

대표는 종종 사업장 안을 직접 돌며 여직원들과 소통했고, 문제점이 생기면 남성 관리자들과 빠르게 공유하며 해결하려 애썼습니다. 갈등은 완전히 사라지지 않았지만, 서로를 조금 더 이해하려는 태도는 분명 남았습니다. 그것은 교육이나 규칙으로만은 만들 수 없는, 사람 사이의 변화였습니다.

A. 산업

해당 사업장은 제조업 분야의 중소기업으로, 현장 중심의 수작업과 조립이 이뤄지는 곳이었습니다.

B. 기업 규모

직원 수는 약 20명이 채 안 되는 소규모 사업장이었습니다. 갈등이나 분위기의 변화가 조직 전체에 즉각적으로 영향을 주고 있었습니다.

C. 배경

남성 중심의 관리직과 여성 중심의 실무진 간 갈등이 지속되고 있었습니다. 서로의 언어와 태도에 대한 불만이 쌓였고, 그로 인해 현장 분위기가 지속적으로 악화되었습니다.

D. 도전과제

양측 간 신뢰 부족, 반복되는 언쟁, 감정적 충돌, 성별과 직급 간 위계 의식 등이 복합적으로 얽혀 있었고, 실질적인 협업에 지장을 주고 있었습니다.

E. 해결 전략

대표는 직원 교육 중심의 워크숍을 기획하여 갈등을 드러내고 풀어낼 수 있는 장을 마련했습니다. 성별을 나누어 각각 이야기하게 한 뒤, 상대방의 입장을 전달하고 공감하는 과정을 마련했습니다. 이후 직원들이 "내가 듣고 싶은 방식으로 말하기"의 중요성을 체감하게 했고, 조직 내 표어와 일상적 소통을 통해 이를 정착시키기 시작했습니다.

F. 성과

직원들 사이의 언어 습관과 대화 태도에 변화가 나타났습니다. 서로를 이해하려는 태도가 조금씩 생겨났고, 회사 안의 긴장감이 완화되었습니다. 대표의 실시간 소통과 사소한 문제를 함께 해결하려는 시도는 조직의 분위기를 부드럽게 만들었습니다.

G. 시사점

이 사례는 단순한 성별 갈등을 넘어, 직무와 위계에서 비롯되는 일상의 언어가 조직문화에 어떤 영향을 미치는지를 보여줍니다. 사람 간의 갈등은 명확한 제재보다 공감과 말의 방식에서 풀릴 수 있습니다. "내가 대우받고 싶은 방식으로 상대를 대하자"는 단순하지만 강력한 태도 변화가 조직을 조금씩 바꾸어 간다는 것을 이 사례는 보여주고 있습니다.

사례 2) 우리 ○○인들 감사합니다 – 노사 갈등 해소

"이사가 우리한테 고개 숙이며 인사할 줄은 몰랐어요."

갈등이 깊던 지방의 한 중소기업에서 일어난 변화는 뜻밖에도 '작업복'과 '인사'에서 시작되었습니다. 직원 수 100인 미만의 이 기업은, 한때 노사분규가 물리적 충돌로까지 번질 정도로 갈등이 심각했습니다. 사장은 '노사는 원래 친해지기 힘들다'며 문제를 회피했고, 그에 따른 실질적인 개선 노력은 거의 없었습니다.

그러던 중 사장의 자녀인 이사가 후계 경영인으로 실권을 넘겨받게 되었습니다. 그는 신입사원으로 입사한 뒤 부서별로 실무를 경험하며 조직을 이해하려 했고, 비록 속도는 빠르지만 단계를 거쳐 승진해 왔습니다. 젊은 그는 앞으로 수십 년 동안 이 회사를 책임질 사람으로서 노사 갈등을 이대로 방치해선 안 된다는 문제의식을 강하게 갖고 있었습니다.

그는 노사관계가 해소된 기업들의 사례를 찾아 공부했고, 책상머리에서 배운 지식을 실천하고자 했습니다. 그런 그에게 결정적인 계기가 된 건, 어느 날 현장 직원과의 술자리에서 들은 말 한마디였습니다. "회사가 어렵다고는 하는데 임원들 전부 외제 차에 비싼 양복 입고 다니잖아요. 우린 평생 모아도 그런 차 못 사는데. 근데도 어렵다고 하니까 우리는 이해가 안 가는 거예요."

그 말은 이사의 생각을 일깨우는 계기가 되었습니다. 그는 진정으로 직원들의 마음을 얻으려면 말보다 행동이 먼저라는 사실을 깨달았습니다. 이튿날부터 그는 외부 일정이 없는 날이면 작업복을 입고 출근하기 시작했습니다. 퇴근하는 교대 근무 직원들에게 정문 앞에서 고개를 숙이며 인사했습니다. "우리 ○○인들, 오늘도 정말 수고 많으셨습니다. 조심히 퇴근하세요."

현장 직원들은 처음엔 놀라움과 어색함을 느꼈습니다. 임원이 먼저 인사를 건네는 일은 한 번도 본 적이 없었기 때문입니다. 늘 먼저 인사해야 겨우 고개만 까딱이던 임원들이었습니다.

젊은 이사는 심지어 출근하는 직원들에게도 "우리 ○○인들, 오늘도 잘 부탁드립니다. 감사합니다"라는 말을 잊지 않았고, 직원들은 어떻게 반응해야 할지 몰라 당황했습니다. 하지만 그 진심은 조용히, 그러나 분명하게 퍼져갔습니다.

이사의 행동은 곧 다른 관리자들에게도 영향을 미쳤습니다. 어느새 임원들과 관리자들이 줄지어 정문 앞에 서서 직원들에게 인사를 하게 되었고, 처음엔 어색해하던 직원들도 어느 순간부터는 허리를 숙여 맞절을 하기 시작했습니다. 인사의 풍경이 정착되며, 그동안 조직을 갈라놓았던 보이지 않는 벽이 조금씩 허물어지기 시작했습니다.

변화는 여기서 멈추지 않았습니다. 이사는 기존의 노사협의회 운영 방식에도 문제를 느끼고, 협의회를 전면 개편했습니다. 노측 위원장과 자신(사측 위원장)이 공동으로 이끌어가는 방식으로 바꾸었고, 회의 방식도 달라졌습니다.

"사측은 말보다 경청이 먼저입니다. 노측이 충분히 말할 수 있도록 기회를 드리세요"라는 이사의 요청에 따라 사측은 방어보다는 경청에 집중했습니다. 기존의 노사협의회가 "왜 안 되는가"를 설명하는 자리였다면, 이제는

"어떻게 가능하게 할 수 있을까"를 함께 고민하는 장으로 변해갔습니다.

이러한 변화는 단순한 분위기 전환에 그치지 않았습니다. 과거에는 노측의 건의가 즉각적인 반발을 일으켰지만, 이제는 진지한 검토와 피드백이 오갔습니다. 사측은 노측의 현실적인 요구를 수용하기 위해 노력했고, 노측 역시 회사의 어려움을 이해하며 유연한 태도를 보여주기 시작했습니다. 노사 양측의 상호 존중과 신뢰는 협의회의 분위기를 완전히 바꿔놓았고, 실제로 소소하지만 지속적인 제도 개선이 이루어지기 시작했습니다.

A. 기업 규모

해당 기업은 100인 미만의 국내 중소기업으로, 제조업에 가까운 기능직 중심의 사업장을 운영하고 있었습니다. 세대교체 과정에서 오너의 자녀가 실권을 넘겨받는 상황이었고, 이전까지 노사관계는 갈등과 불신이 깊었습니다.

B. 배경

기존 사장은 노사 갈등을 피하거나 방치했으며, 직원들은 경영진에 대한 불신과 거리감을 오래도록 쌓아왔습니다. 외형상 임금 협상이 타결되더라도, 감정적 골이 깊은 상태였습니다.

C. 도전과제

젊은 이사는 향후 수십 년을 책임질 사업장에 대한 애정이 컸습니다. 조직의 지속가능성을 위해서는 신뢰 회복이 절실하다고 판단했고, 단절된 소통을 복원하는 데 집중했습니다.

D. 해결 전략

이사의 해결 방안은 처음에는 고령의 임원들에게 반발을 살 정도였습니다. 하지만 오너가 이사(아들)이 추진하고자 하는 변화에 힘을 실어 주었습니다. 이사가 실행한 변화는 다음과 같았습니다.

- 일상에서 실천 가능한 변화 시작 - 이사는 작업복을 입고 직원들과 같은 눈높이에 서는 것부터 시작했습니다. 퇴근과 출근 시간에 고개 숙여 감사 인사를 전했고, 관리자들도 자발적으로 따라나섰습니다.
- 노사협의회 개편 - 노사 공동위원장 체제를 도입했고, 사측 발언을 줄이고 경청 중심의 회의 운영으로 전환했습니다.
- 소통 방식 변화 - 불필요한 반박과 방어가 아닌, 서로의 관점을 이해하려는 소통을 강조했습니다.

E. 성과

직원들은 이사를 중심으로 임원진이 진심으로 변화하려 한다는 것을 느꼈습니다. 인사 하나로 시작된 변화는 조직문화 전반에 확산되었고, 노사 간 신뢰가 회복되기 시작했습니다. 감정적 대립보다는 문제 해결 중심의 논의가 가능해졌고, 회사 내부의 응집력도 강화되었습니다.

F. 시사점

이 사례는 단지 새로운 세대의 리더가 등장했다는 의미를 넘어서, '작은 행동이 조직문화를 어떻게 바꿀 수 있는가'를 보여줍니다. 말로만 존중을 외치는 것이 아니라, 말없이 먼저 행동하는 리더십이 조직을 움직이는 가장 강력한 원동력이 될 수 있습니다. 사람은 행동에서 진심을 느낍니다. 말로만 하는 것이 아니라, 행동으로부터 보여줄 때, 진정한 마음이 전해집니다.

사례 3) 상호 멘토링 – 세대 간 갈등 해소

"우리도 서로 배울 게 있더라고요."

제조업 현장에는 늘 다양한 세대가 함께 일합니다. 특히 어느 제조업체에서는 이 문제가 아주 심각하게 표출되고 있었습니다. 이곳에는 창립 초기부터 근무해 온 고령의 생산직 직원들이 적지 않았습니다. 이들과 새로 입사한 젊은 직원들 사이의 갈등이 점점 깊어지면서, 어렵게 채용한 젊은 인력들이 다른 회사로 이탈하는 상황이 반복되고 있었습니다.

대표와 관리직들은 이 문제를 해결하기 위해 외부 컨설팅을 의뢰했고, 전문가들은 멘토링 프로그램을 제안했습니다. 하지만 결과는 기대와 달랐습니다. 고령자 직원들이 멘토 역할을 맡게 되자, 그들이 젊은 직원들을 더 심하게 아랫사람처럼 대하는 분위기가 생긴 것입니다. 그 속에서 젊은 직원들은 더욱 위축되었고, 갈등도 깊어졌습니다.

대표와 관리직들은 깊은 고민 끝에 전혀 다른 방법을 시도하기로 했습니다. 그것이 바로 상호 멘토링이었습니다. 고령자가 무조건 멘토가 되는 방식이 아니라, 고령자와 젊은 직원이 서로 잘 모르는 분야를 가르쳐주고 배우는 관계로 설정한 것입니다. 젊은 직원들은 자동화 설비와 IT 장비를 능숙하게 다룰 수 있었습니다. 반면, 고령자 직원들은 오랜 세월 몸으로 익힌 숙련 기술과 노하우가 있었습니다. 회사는 이 두 자산을 서로 나누도록 독려했습니다.

처음에는 다들 어색해했습니다. 하지만 조금씩 변화가 일어나기 시작했습니다. 젊은 직원들이 고령자 직원들에게 자동화 설비 조작법이나 IT 기기의 사용법을 알려주었고, 고령자 직원들은 젊은 직원들에게 "이 설비가 멈추면 이렇게 소리를 듣고 원인을 짐작해 보라"는 식의 섬세한 기술적 감각을 전수했습니다.

그러던 중 한 젊은 직원이 이런 이야기를 꺼냈습니다. "(고령자 직원들이) 키보드를 쓰기 힘들어하시는 것 같아요. 터치스크린으로 확대·축소 기능을 넣으면 훨씬 편하실 것 같아요."

이 제안은 곧바로 현실이 되었습니다. 회사는 터치스크린 방식에 확대·축소 기능을 추가했고, 고령자 직원들이 키보드 입력을 잘못해서 생기던 실수도 줄었습니다. 고령자 직원들은 후임과 회사가 자신의 어려움을 알아줬다는 사실에 고마움을 표했고, 젊은 직원들은 숙련자들에게서 빠르게 기술을 배우며 존중심을 쌓아갔습니다. 어느새 현장에는 서로 배우고, 서로 존중하는 따뜻한 기운이 감돌기 시작했습니다.

A. 산업

이 사례가 일어난 곳은 제조업 분야였습니다. 특히 자동화 설비와 IT 장비 도입이 점차 확대되면서 세대 간의 기술 격차가 문제로 떠오르던 상황이었습니다.

B. 기업 규모

직원 수는 100인 미만이었고, 중소 제조업체로서 인력 유출이 기업 운영에 큰 타격을 주고 있었습니다.

C. 배경

회사는 창립 초기부터 함께해 온 고령자 직원들이 적지 않았습니다. 그러나 신규 채용한 젊은 직원들이 고령자 직원들과의 갈등으로 인해 회사를 떠나는 일이 자주 발생했고, 이로 인해 채용과 교육 비용이 반복적으로 소모되고 있었습니다.

D. 도전과제

고령자 직원들이 젊은 직원을 아랫사람처럼 대하며 발생한 세대 갈등이 가장 큰 문제였습니다. 멘토링을 시도했으나, 고령자 직원이 일방적으로 가르치는 방식이 오히려 갈등을 심화시켰고, 젊은 직원들의 사기를 더욱 떨어뜨렸습니다.

E. 해결 전략

대표와 관리직들은 기존의 멘토링 방식을 과감히 버리고, 상호 멘토링으로 전환했습니다. 젊은 직원들은 고령자들에게 새로운 IT 장비와 자동화 설비 사용법을 알려주었고, 고령자 직원들은 젊은 직원들에게 오랜 경험에서 우러나온 노하우를 전수했습니다. 특히 젊은 직원이 제안한 터치스크린 확대·축소 기능 도입은 고령자 직원들의 업무 오류를 크게 줄였고, 고령자 직원들이 회사와 젊은 직원들에게 고마움을 느끼게 만든 계기가 되었습니다.

F. 성과

서로가 서로에게 배울 점이 있다는 분위기가 자리 잡으면서, 현장은 눈에 띄게 달라졌습니다. 젊은 직원들은 숙련된 기술을 빠르게 익혔고, 고령자 직원들은 젊은 직원들의 기술적 도움을 자연스럽게 받아들이기 시작했습니다. 갈등은 점점 완화되었고, 신규 직원들의 이직률도 눈에 띄게 줄었습니다. 현장에서는 이제 서로를 존중하며 협력하는 모습이 자연스럽게 보이기 시작했습니다.

G. 시사점

이 사례는 우리에게 중요한 사실을 일깨워 줍니다. 한쪽이 일방적으로 가르치기만 하는 관계는 오히려 갈등을 부추길 수 있다는 것입니다. 세대가 다르면 각자가 잘하는 분야도 다릅니다. 그 차이를 존중하고, 서로 배우고 가르치는 관계로 바꿀 때 비로소 조직은 진정으로 하나가 될 수 있습니다. 또한, 작은 불편을 발견하고 개선하려는 구성원들의 제안이 갈등 해결의 실마리가 될 수 있음을 이 사례는 잘 보여주고 있습니다. 결국 사람을 존중하고, 서로의 강점을 인정할 때 조직은 더 건강하게 성장할 수 있다는 사실이 이 사례가 전해주는 큰 교훈입니다.

사례 4) 팔 걷어붙인 관리직들 – 직군 간 갈등 해소

"진짜 우리 일자리 줄어드는 거 아니에요?"

지방에 위치한 한 제조업체에서 경험한 사례입니다. 직원 수는 300인 미만으로 규모가 있는 중소기업이었지만 조직 내 갈등은 만만치 않았습니다. 특히 관리직과 현장직 사이의 불신은 깊고 오래된 문제였습니다. 관리자는 현장직을 "말을 안 듣는다"고 했고, 현장직은 관리자가 "현장을 모른다"며 반감을 갖고 있었습니다. 평소에도 작은 오해가 쉽게 갈등으로 번지기 일쑤였고, 서로에 대한 신뢰는 거의 없었습니다.

그러던 어느 날, 회사는 공정 효율화를 위해 자동화 설비 도입 계획을 발표했습니다. 그러자 현장직 직원들 사이에 긴장감이 번졌고, 불만의 목소리가 빠르게 커졌습니다. "우리 자르려는 거 아니냐", "기계 도입하면 우리는 뭐 하라는 거냐"는 반응이 곳곳에서 나왔습니다.

대표는 상황의 심각성을 인지했습니다. 단순한 기술 도입이 조직 전체를 흔드는 갈등으로 번질 수 있다는 위기감이 들었습니다. 결국 대표가 직접 나서기로 했습니다. 그는 전 직원 앞에서 이렇게 말했습니다. "절대 일자리를 줄이지 않겠습니다. 자동화 도입 후에 여러분이 새로운 기술을 배울 수 있도록 더 지원하겠습니다."

대표는 단지 말로만 설득하지 않았습니다. 관리직들에게는 "현장직의 눈높이에 맞춰 설명하는 법부터 배우라"고 지시했습니다. 회사는 현장직 직원들에게 자동화 설비로 인해 생길 변화에 대해 차근차근 설명했습니다. 업무 부담은 줄어들고, 더 많은 공정을 익히면 이직할 때도 유리하다는 점, 회사는 그 교육을 적극적으로 지원하겠다는 설득했습니다.

점차 일부 직원들의 반응이 바뀌기 시작했습니다. 하지만 여전히 끝까지 자동화를 거부하는 직원들도 있었습니다. 그때 관리직 직원들이 작업복을 입고 직접 자동화된 작업라인 앞에 나섰습니다. 기계를 다뤄 본 경험이 별로 없을 관리직들이 설비를 작동하고 생산 과정을 따라가는 모습을 본 현장직 직원들은 놀랐습니다.

관리직들이 작업하는 걸 보면서도 계속 뒷짐 지고 있을 수 없었던 현장직 직원들은 직접 기계를 조작해 봤습니다. 정말로 예전보다 훨씬 덜 힘들고, 더 정확하게 제품이 만들어진다는 걸 몸으로 느끼자 태도가 달라졌습니다. 마침내 자동화 설비는 큰 반발 없이 도입되었고, 직원들도 그것을 적극 활용하기 시작했습니다. 기술 변화가 갈등으로 끝나지 않고, '서로의 신뢰 회복'이라는 예상치 못한 성과로 이어진 순간이었습니다.

A. 산업

이 사례는 제조업 분야의 기업에서 일어난 일입니다. 자동화 설비 도입이 업계 전반의 흐름으로 자리 잡던 시기였지만, 노동집약적인 작업 환경에서는 여전히 민감한 사안이었습니다.

B. 기업 규모

본 기업은 100명이 넘는 직원 수를 보유한 지방 제조업체였습니다. 규모가 있는 만큼 다양한 직군과 복잡한 의사소통 체계를 갖고 있었고, 현장과 사무직 사이의 간극도 적지 않았습니다.

C. 배경

회사는 공정의 효율성을 높이고 품질 안정성을 확보하기 위해 자동화 설비 도입을 계획하고 있었습니다. 그러나 현장직 직원들은 그 발표를 곧바로 “우리 인력을 줄이려는 거다”라는 위협으로 받아들였습니다. 회사에 대한 기존의 불신이 반발을 더 키웠습니다. 일부 직원은 집단 반대의 뜻을 전달했고, 분위기는 급격히 무거워졌습니다.

D. 도전과제

가장 큰 문제는 현장직과 관리직 사이의 신뢰 부족이었습니다. 특히 자동화 설비라는 민감한 주제를 앞두고, 현장직 직원들은 “회사가 결국 우리를 줄이려는 것 아니냐”는 불안을 감추지 않았습니다. 이미 관계가 좋지 않았기 때문에 회사의 설명은 진심으로 받아들여지지 않았고, 몇몇 직원은 끝까지 반대 입장을 고수했습니다.

E. 해결 전략

사장은 직접 나섰습니다. 직원들을 한자리에 모아놓고 진솔하게 말했습니다. "절대 일자리를 줄이지 않겠습니다. 오히려 여러분의 기술을 더 넓힐 기회로 만들겠습니다."

그리고 관리직에게는 "현장직 눈높이에 맞춰 말하는 법부터 배우라"고 지시했습니다. 회사는 자동화로 인해 기존 작업이 줄어들어도 직원들이 다른 공정을 익힐 수 있도록 훈련을 제공하겠다고 약속했습니다.

이직을 하게 되더라도 다양한 기술을 가진 덕분에 더 나은 조건으로 취업할 수 있게 지원한다는 것이었습니다. 또한, 자동화 설비가 오히려 업무를 훨씬 덜 힘들게 만들어줄 것이라는 점도 꾸준히 설명했습니다. 몇 차례의 설명과 대화를 통해 많은 현장직 직원들이 점차 마음을 열기 시작했습니다.

끝까지 반대하던 직원도 일부 있었습니다. 하지만 그들조차 관리직 직원들이 직접 설비를 다루는 것을 보이자 마음을 바꾸기 시작했습니다. 그들도 설비를 다뤄보기 시작했고, 직접 경험해 보니 정말로 일이 훨씬 덜 힘들다는 걸 깨달았습니다.

F. 성과

자동화 설비 도입은 결국 큰 갈등 없이 순조롭게 진행되었습니다. 무엇보다 현장직 직원들이 회사와 관리직을 다시 보게 된 점이 가장 큰 변화였습니다. 일부 직원은 "이렇게까지 신경 써줄 줄은 몰랐다"며 마음을 열었고, 관리직 역시 현장과의 소통을 배워야 한다는 교훈을 얻었습니다.

사장이 약속했던 '일자리를 줄이지 않겠다'는 말은 끝까지 지켜졌고, 현장직 직원들은 새로운 기술을 익히며 회사 안에서의 자신감과 직무 만족도를 높일 수 있었습니다. 설비 도입 이후 생산성과 품질 모두 상승했고, 직원들의 이직률은 오히려 줄어드는 변화를 보였습니다.

G. 시사점

이 사례는 기술 변화가 반드시 노사 갈등으로 이어지는 건 아니라는 점을 보여줍니다. 핵심은 신뢰입니다. 일자리에 대한 불안이 생겼을 때, 리더가 먼저 나서서 진심으로 설명하고, 말뿐 아니라 행동으로 약속을 증명하는 것이 갈등을 풀어내는 출발점이 됩니다. 또한, "기술을 도입해도 우리 일에는 도움이 안 된다"는 선입견을 깨기 위해 관리직이 먼저 몸으로 보여준 자세는 현장직 직원들의 태도 변화를 이끌어내는 중요한 계기가 되었습니다.

기술보다 앞서야 할 것은 신뢰와 소통이라는 사실, 그리고 진심 어린 설득과 구체적인 배려가 갈등을 전환의 에너지로 만들 수 있다는 것을 이 사례는 잘 보여주고 있습니다.

조직에서의 갈등은 결코 예외적인 일이 아닙니다. 사람과 사람이 함께 일하는 곳이라면 갈등은 언제든, 어디서든 발생할 수 있는 자연스러운 현상입니다. 중요한 것은 갈등이 생기지 않도록 막는 것이 아니라, 갈등이 생겼을 때 어떻게 대하고 풀어가느냐입니다.

이번 장에서 소개한 사례들은 모두 갈등의 시작점은 달랐지만, 공통적으로 '사람 중심'이라는 접근을 통해 문제를 풀어나갔습니다.

성별 갈등이 고착화된 조직에서는 '내가 대우받고 싶은 방식으로 상대를 대하자'는 간단하지만 강력한 인식을 통해 관계의 전환점을 마련했습니다. 노사 갈등을 겪던 조직은 사측의 임원이 먼저 손을 내밀고, 노측의 눈높이를 맞춰 보려 하면서 해묵은 갈등이 해소되어 갔습니다. 세대 간 갈등이 격화된 현장에서는 '서로에게 배울 것이 있다'는 인식이 존중의 문화를 만들어냈습니다. 기술 도입을 둘러싼 신뢰 부족 상황에서는, 리더의 진심 어린 약속과 관리자의 솔선수범이 오해를 설득으로, 불신을 신뢰로 바꾸었습니다.

이 사례들이 말해주는 것은 분명합니다. 갈등을 해결하는 가장 근본적인 방법은 '사람을 있는 그대로 존중하는 태도'에서 출발한다는 것입니다. 지시나 통제가 아닌, 공감과 이해를 바탕으로 한 소통이야말로 갈등을 전환의 기회로 바꾸는 힘이 됩니다.

'갈등 관리'는 단지 조직을 조용하게 만드는 기술이 아니라, 건강하게 성장하는 방향으로 이끄는 리더십의 출발점입니다. 그리고 그 중심에는 항상 '사람'이 있습니다.

IV.
문제의 해답은 직원에게 있다

이번 장에서 다룰 주제는 '문제 해결'입니다. 조직을 운영하다 보면 누구나 예상치 못한 문제와 마주하게 됩니다. 아무리 유능한 경영진이 머리를 맞대고, 외부의 전문 컨설턴트를 불러와도 쉽게 풀리지 않는 난제가 생기기도 합니다. 하지만 때로는 그 해답이 의외로 가장 가까운 곳에서 발견되기도 합니다. 바로 '직원'의 머리와 마음에서 말입니다. 현장을 가장 잘 아는 사람, 문제를 매일 마주하고 있는 사람은 결국 그 안에서 일하는 직원들입니다. 이들의 경험과 시선, 그리고 작은 제안이 때로는 누구도 생각하지 못한 해법이 되기도 합니다.

이번 장에서는 직원들의 의견과 아이디어를 바탕으로 실마리를 찾아내고, 이를 바탕으로 실질적인 문제 해결에 성공한 기업들의 사례를 살펴보고자 합니다.

사례 1) '직원 한마디'의 힘 – 제조 동선을 개선한 카페

"만드는 순서만 조금 바꾸면 시간도 줄고 손님 응대도 더 여유로울 것 같아요."

한적한 지방 소도시에 자리한 소규모 카페에서 겪은 작은 변화입니다. 카페의 직원 수는 총 4명으로, 사장과 직원들이 매일같이 얼굴을 마주 보는 작은 공간에서 운영되고 있었습니다. 매장 규모는 작지만, 테이크아웃 주문이 많아서 바쁜 시간대에는 매장 안이 금세 분주해졌습니다. 특히 점심시간 전후나 주말 오후에는 음료 주문이 몰리며 직원들이 우왕좌왕하는 일이 잦았고, 손님 대기 시간도 길어지는 경우가 많았습니다. 사장 역시 이 상황을 개선하고 싶었지만, 혼자 머리를 싸매는 걸로는 뚜렷한 해법을 찾기 어려운 상황이었습니다.

그러던 중, 한 직원이 조심스럽게 제안했습니다. "지금은 재료 꺼내고 컵 준비하고 다시 머신 쪽으로 가잖아요. 컵부터 먼저 세팅하면 동선이 반으로 줄고, 손님도 빨리 받을 수 있을 것 같아요."

사장은 그 제안을 듣고 바로 다음 날 실험해 보기로 했습니다. 실제로 직원이 말한 대로 컵과 소스류를 먼저 준비하고, 한 방향으로만 움직이는 방식으로 바꾸자, 음료 준비 시간이 눈에 띄게 줄었고 직원들도 훨씬 여유 있게 손님을 응대할 수 있었습니다. 무엇보다 손님들의 반응이 달라졌습니다. "요즘은 음료가 빨리 나와서 좋아요", "응대가 더 부드럽네요" 같은 피드백이 자연스럽게 이어졌습니다.

이 경험을 계기로 사장은 매장 내 제안 노트를 한 권 비치했습니다. 실명이든 익명이든 상관없이 누구든 운영과 서비스에 관한 아이디어를 자유롭게 적을 수 있도록 한 것입니다. 매주 회의 시간마다 직원들과 함께 노트 속 제안을 한 줄씩 읽어보고, 바로 적용할 수 있을지, 아니면 장기적으로 적용을 고려해 볼 만한지 얘기를 나눴습니다. 그리고 순차별로 제안된 내용을 시도해 보기로 했습니다.

그 제안 노트에는 다양한 아이디어가 담기기 시작했습니다. "포장 대기 손님에게 사탕 같은 걸 드리면 어떨까요?", "주방 쪽에 발판을 하나 깔면 오래 서 있어도 덜 피곤할 것 같아요." 같은 사소하지만 실용적인 제안들이 하나둘 늘어났습니다. 사장은 직원들의 제안을 '그럴듯한 아이디어'로만 여긴 것이 아니라, 실제 운영에 반영하며 하나하나 실천해 나갔습니다. 이런 모습은 직원들에게도 큰 동기부여가 되었습니다. “이곳에서는 내 의견이 무시되지 않고 반영된다”는 경험이 직원들의 자긍심으로 이어졌습니다.

A. 산업

이 사례는 지역 내에서 운영되는 소규모 카페로, 음료 제조와 테이크아웃 중심의 빠른 회전율이 중요한 서비스업 분야에 속해 있었습니다.

B. 기업 규모

직원 수는 4명으로, 사장을 포함해 모든 직원이 서로 가까이에서 일하는 아주 소규모의 사업장이었습니다.

C. 배경

점심시간과 주말에 손님이 몰리면 매장 운영이 매끄럽지 않았고, 음료 대기 시간이나 응대 품질이 들쭉날쭉해지는 점이 고민거리였습니다. 사장은 이 문제를 풀고 싶었지만 운영 방식의 한계로 뚜렷한 해법을 찾지 못한 상황이었습니다.

D. 도전과제

매장의 동선이 비효율적이었고, 동시에 여러 주문이 들어오면 직원들이 우왕좌왕하게 되는 일이 많았습니다. 손님 대기 시간이 늘어나면서 불만 섞인 피드백도 이어졌고, 현장 대응의 스트레스도 적지 않았습니다.

E. 해결 전략

직원 한 명의 제안이 전환점이 되었습니다. 동선 정리를 통해 음료 제조의 순서를 바꾸고, 제조를 위한 작업의 흐름을 한 방향으로만 가도록 단순화하자 대기 시간과 직원의 피로도가 모두 줄어들었습니다. 이후 사장은 제안 노트를 통해 누구나 아이디어를 낼 수 있는 창구를 마련했고, 그것을 실제 운영에 적용하면서 변화가 확산되기 시작했습니다.

F. 성과

음료 제조 속도와 응대 품질이 개선되면서 손님 만족도가 높아졌습니다. 직원들의 피로도도 감소했고, 서로 아이디어를 나누는 분위기가 형성되면서 팀워크 역시 좋아졌습니다. 사장은 "직원 아이디어야말로 현장을 가장 잘 아는 해법"이라고 강조하며, 이를 사내 문화로 굳히기 시작했습니다.

G. 시사점

이 사례는 '작은 조직일수록 직원의 의견이 조직을 바꾸는 결정적인 열쇠가 될 수 있다'는 사실을 보여줍니다. 외부 컨설팅이나 정형화된 매뉴얼보다 중요한 것은 현장을 잘 아는 사람의 목소리입니다. 또한 리더가 그 목소리를 얼마나 진지하게 받아들이고 실행하느냐에 따라 변화의 방향이 결정됩니다. 사람 중심의 문제 해결 방식은 규모를 가리지 않고 유효하다는 것을 이 소규모 카페의 사례가 잘 증명해 주고 있습니다.

사례 2) 직원 제안 – 경력단절 여성으로 인력 문제 해결

"경력단절 여성분들도 짧게 일할 수 있는 기회를 기다리고 계시더라고요."

지방에 위치한 한 소규모 조사 전문 업체의 사례입니다. 해당 업체의 정규직 직원 수는 10여 명에 불과했지만, 조사 프로젝트가 있을 때마다 수십 명의 단기조사원을 고용해야 했기에 인력 수급이 매우 중요한 과제였습니다. 과거에는 주로 지역 대학생들을 단기 시간제 근무 형태로 채용해 조사 업무를 진행하곤 했습니다. 하지만 최근 몇 년간 지역 대학의 입학자 수가 급감하고, 전화 인터뷰와 같은 조사 업무를 부담스러워하는 젊은 세대가 늘어나면서 인력 확보가 점점 더 어려워졌습니다. 인력 중개업체를 통한 아웃소싱도 고려했지만, 지속적인 비용이 부담으로 작용했습니다.

대표가 이 문제를 두고 고민하던 중, 한 직원이 의견을 냈습니다. "경력단절 여성 중에는 풀타임으로 일하긴 어렵지만, 단기간 시간제 형태로 일하고 싶어 하시는 분들이 많아요. 우리 조사 업무랑 잘 맞지 않을까요?"

대표는 그 아이디어에 귀 기울였습니다. 곧바로 해당 직원과 함께 지역 커뮤니티와 구직 사이트를 통해 모집 공고를 냈습니다. 단 일주일 만에 수백 건의 이력서가 접수되었습니다. 대표와 직원은 그중에서 적합한 인력을 선별했고, 기초적인 전화조사부터 시작해 실무에 투입했습니다.

조사원들은 빠르게 적응해 나갔지만, 현장에서 새로운 문제가 드러났습니다. 상당수 조사원이 오랜 공백기로 인해 엑셀이나 한글 사용이 서툴렀던 것입니다. 조사 내용 입력 중 오류가 자주 발생했고, 그로 인해 데이터 정리에도 시간이 더 소요되는 일이 반복되었습니다.

이때 같은 직원이 또 다른 해법을 내놓았습니다. "이미 온라인 설문 플랫폼을 사용하고 있으니까, 조사원이 직접 설문 링크에 응답을 입력하게 하면 어떨까요? 대신 허위 응답 방지 문항을 추가하고요.”

이 제안도 곧바로 현실이 되었습니다. 조사원들은 전화 응답 내용을 직접 온라인 설문에 입력했고, 기존에 발생하던 문서 오류는 눈에 띄게 줄어들었습니다. 실시간으로 응답 내용이 축적되면서 데이터 처리 속도도 크게 개선되었습니다. 이후 회사는 현장 적응력이 높고 성실도가 입증된 조사원들을 따로 선별해 매년 반복되는 고난도 조사에 배치했습니다. 동시에 새롭게 발굴된 경력 단절 여성 조사원들은 기초조사부터 차근차근 시작하도록 설계했습니다. 그 결과, 경력 단절 여성을 중심으로 한 안정적인 조사 인력풀을 확보할 수 있게 되었고, 조사 업무는 훨씬 효율적이고 안정적으로 운영될 수 있었습니다.

A. 산업

이 사례는 정성·정량 조사를 수행하는 조사 전문 업체의 사례입니다. 프로젝트 단위로 단기 인력을 대규모로 채용하는 특성을 가진 업종입니다.

B. 기업 규모

직원 수는 정규직 기준으로 약 10명이 조금 넘으며, 프로젝트에 따라 수십 명의 단기조사원이 추가로 채용됩니다.

C. 배경

기존에는 대학생 시간제 근무 인력을 활용해 조사 인력을 충당했으나, 지역 대학 신입생 수 감소와 젊은 층의 기피 현상으로 인해 인력 확보가 어려워졌습니다. 외주 인력 중개업체를 활용하기에는 장기적인 비용 부담이 크다는 고민이 있었습니다.

D. 도전과제

단기 인력 확보가 어려운 상황에서, 업무 품질과 효율성을 유지하면서 조사 인력을 적시에 수급할 수 있는 방안을 마련하는 것이 가장 큰 과제였습니다. 또한 채용된 인력의 업무 숙련도와 디지털 도구 활용 능력의 차이도 해결해야 할 문제였습니다.

E. 해결 전략

직원의 제안으로 경력 단절 여성을 모집 대상에 포함했고, 실제로 높은 관심과 지원을 받았습니다. 기초조사 업무부터 시작해 실무에 투입한 뒤, 엑셀/한글 활용이 어려운 조사원을 위해 온라인 설문 응답 방식으로 업무 방식을 전환했습니다. 허위 응답을 방지할 수 있는 체크 문항도 함께 구성하여 신뢰성을 확보했습니다.

F. 성과

조사원 확보의 어려움이 해소되었을 뿐만 아니라, 기존보다 정확하고 신속한 데이터 수집이 가능해졌습니다. 경력 단절 여성이라는 새로운 인력 자원을 성공적으로 발굴·활용한 성과였고, 업무 효율성과 인력 충성도 측면에서도 긍정적인 변화를 가져왔습니다.

G. 시사점

이 사례는 사람 중심의 문제 해결이 어떤 방식으로 조직의 구조적인 어려움을 풀어낼 수 있는지를 잘 보여줍니다. 외부의 도움보다는 내부의 목소리를 귀 기울여 듣는 것, 그리고 그 의견을 실행에 옮기는 용기가 문제 해결의 출발점이 될 수 있습니다. 더욱이 직원의 의견을 수렴하여 잠재력 있는 인재군을 새로운 방식으로 발굴하고, 그에 맞는 시스템을 설계함으로써 더욱 유연하고 지속 가능한 운영체계를 마련한 점도 돋보이는 사례입니다.

사례 3) 보이는 피드백 – 건의함을 살린 직원의 작은 의견

"건의해도 뭐가 되긴 되는 건지 모르겠어요. 그러니까 점점 안 하게 되죠."

지방에 위치한 어느 100인 미만의 중소 제조업체에서는 오래전부터 직원의 목소리를 경청하려는 노력을 이어오고 있었습니다. 대표는 정기적으로 직원들과 간담회를 열고, 익명으로 건의할 수 있는 건의함도 운영해 왔습니다. 워크숍이나 술자리에서도 공식적인 분위기 없이 편하게 얘기할 수 있도록 분위기를 조성하곤 했습니다.

하지만 이상하게도, 정작 직원들로부터 들어오는 의견은 거의 없었습니다. 간담회 자리에서도 특별한 건의가 나오지 않았고, 건의함에는 아무것도 들어있지 않은 경우가 대부분이었습니다. 대표는 "우리 회사 직원들은 특별히 불만이 없는 걸까?" 하고 생각하기도 했습니다. 그러던 중, 현장직의 한 젊은 직원이 말했습니다. "건의해도 그다음에 어떻게 됐는지 알려주질 않잖아요. 그러니까 해도 소용없나 하는 거죠."

대표는 그 말을 듣고 크게 깨달았습니다. 직원들의 건의를 듣겠다는 의지는 있었지만, 그 이후에 어떤 일이 벌어지는지를 직원들과 공유하지 않았던 것입니다. 대표는 즉시 관리직에게 요청하여 건의 사항 처리 절차를 명확히 정리했습니다.

이후 회사는 다음과 같은 절차를 갖추게 되었습니다.

- 1차 검토: 직원의 건의 사항이 접수되면 관리부서에서 우선 검토합니다.

- 즉시 실행 가능 여부 확인: 바로 실행 가능한 것은 즉시 처리합니다.
- 노사협의회 안건 상정: 시간이 걸리거나 여러 부서의 조율이 필요한 사안은 매월 열리는 노사 협의회에 안건으로 올립니다.
- 협의회 논의 및 처리 계획 수립: 협의회에서는 단기와 장기 사안으로 나눠 처리 계획을 세우고, 해당 내용은 대표 주재의 월례 조회에서 전 직원에게 공유됩니다.

또한, 말로만 공유하는 것에 그치지 않기 위해 대표는 작업장 내 눈에 잘 띄는 공간에 대형 화이트보드를 설치하도록 했습니다. 이 보드에는 다음 세 가지 항목이 시각적으로 구분되어 있었습니다: 처리 완료된 건의 사항, 현재 검토 중인 건의 사항, 새롭게 접수된 건의 사항.

이제 직원들은 자신의 제안이 단순히 사라지지 않고, 어떤 경로를 거쳐 어떻게 논의되고 있는지를 한눈에 확인할 수 있게 되었습니다. "○○가 건의한 게 반영됐다더라"라는 말이 퍼지면서, 직원들은 점점 더 많은 의견을 건의했습니다. 회사는 건의 사항 중에서도 실질적 개선 효과가 크거나 창의성이 돋보이는 항목을 '우수 건의'로 선정해 상품권 등의 보상을 제공하기 시작했습니다. 그 결과, 몇 달 전까지 비어 있던 건의함이 이제는 넘칠 만큼 다양한 의견으로 채워졌고, 회사 내부에도 "말하면 달라진다"는 긍정적 신뢰가 자리 잡기 시작했습니다.

A. 산업

이 사례는 제조업 분야의 중소기업에서 일어난 일입니다. 직원과의 소통과 협업을 통해 조직문화를 개선하고자 하는 대표의 노력이 이어지고 있던 현장이었습니다.

B. 기업 규모

직원 수는 약 100인 미만으로, 현장직과 사무직이 적절히 섞여 있는 곳입니다. 제안이나 제도 변화가 전사적으로 빠르게 퍼질 수 있는 여건이었습니다.

C. 배경

회사는 이전부터 직원들의 의견을 듣고 반영하려는 노력을 해왔지만, 실제로는 건의가 거의 없는 상태가 계속되었습니다. 이는 결국 직원들이 '말해도 반영되지 않는다'는 인식을 가지고 있었기 때문이었습니다.

D. 도전과제

직원들이 의견을 내지 않는 근본적인 이유는 '건의 후의 피드백 부족'이었습니다. 건의사항이 실제로 검토되고 있는지, 반영되었는지에 대한 명확한 공유가 이루어지지 않다 보니 참여 의욕도 점차 떨어지고 있었습니다.

E. 해결 전략

대표는 건의 사항 처리 절차를 명확하게 만들고, 그 과정을 눈에 보이도록 '시각화'했습니다. 접수, 검토, 실행 여부, 그리고 검토 중인 안건들을 화이트보드에 명확히 표시해 누구나 확인할 수 있도록 했습니다. 또한 우수 건의 사항을 선정해 포상하는 방식으로 동기부여도 함께 제공했습니다.

F. 성과

건의 사항 제출 건수가 급격히 늘어났고, 직원들의 참여도와 관심도도 함께 높아졌습니다. 건의 사항 중 일부는 실질적인 업무 효율 개선으로 이어졌고, 직원과 경영진 간의 신뢰 관계도 이전보다 강화되었습니다. "말해도 소용없다"는 회의감은 "말하면 변화가 생긴다"는 긍정적인 분위기로 바뀌었습니다.

G. 시사점

이 사례는 '의견 수렴'에서 의견을 받는 절차 못지않게 의견에 대한 반응과 피드백도 중요하다는 점을 보여줍니다. 직원의 아이디어가 제대로 작동하기 위해서는 그것이 어떻게 다뤄지는지, 어떤 결과로 이어지는지를 '보이게' 해야 합니다. 제안과 실행을 잇는 투명한 피드백 시스템, 그리고 실질적인 변화와 보상은 조직 구성원들의 자발적인 참여를 이끌어내는 가장 강력한 동력임을 이 사례는 말해주고 있습니다.

사례 4) 낙차의 지혜 – 스마트 공정보다 빨라진 수작업

"그 선반에 걸이 하나만 달면, 훨씬 편하고 빠를 것 같습니다."

100인 규모가 조금 넘는 어느 중소 제조업체의 이야기입니다. 이 회사는 최근 생산 효율을 높이기 위해 스마트 공정 도입을 적극 검토하고 있었습니다. 동시에 내부적으로는 조직문화 혁신 프로젝트도 함께 추진 중이었습니다. 대표는 기존의 수직적인 문화에서 벗어나, 직원 누구나 자유롭게 의견을 낼 수 있는 분위기를 만들고자 했고, 그 첫걸음으로 '우수 제안 포상 제도'를 도입했습니다.

이 제도는 말 그대로 직원들이 개선 아이디어나 새로운 제안을 내면 관리직에서 꼼꼼하게 검토하고, 실제로 실행 가능한 내용은 채택한 뒤 성과에 따라 포상까지 주는 방식이었습니다. 특히 실행 효과가 크거나 회사에 실질적인 비용 절감 효과를 가져온 아이디어에는 큰 포상도 아끼지 않겠다고 공언한 바 있었죠.

현장직 직원들은 이 제도에 큰 흥미를 느꼈습니다. "말만 듣고 넘기지 않고, 정말 실행해 주는구나" 하는 믿음이 생기자, 다양한 아이디어가 속속 모이기 시작했습니다. 어떤 직원은 설비 주변의 동선을 조정하자는 제안을 했고, 또 어떤 이는 작업 중 반복되는 손동작을 줄일 수 있는 작은 장비를 추가해 보자고 제안하기도 했습니다.

그중 눈에 띄는 제안 하나가 있었습니다. 바로, 테이프를 선반에 고정된 걸이에 걸어놓고, 중력 낙차를 활용해 편하게 테이프를 당겨 사용할 수 있도록 해달라는 아주 단순한 아이디어였습니다. 단순하지만 이 제안은 생산 현장의 큰 변화를 이끌었습니다. 걸이 하나만 설치했을 뿐인데, 테이프를 들었다 놓는 반복 작업이 사라졌고, 작업 동선도 짧아졌습니다. 결과적으로 한 공정의 작업 시간이 눈에 띄게 단축되었고, 생산 속도는 스마트 공정보다도 빠를 정도로 크게 향상됐습니다.

관리직과 대표는 이 성과를 가볍게 보지 않았습니다. 기존에 도입을 검토 중이던 자동화 설비보다도 훨씬 적은 비용으로 더 높은 효율을 낼 수 있었기 때문입니다. 스마트 공정 도입은 미뤄졌고, 그 설비에 들어갈 예산은 다른 현장 개선 프로젝트로 전환할 수 있게 되었습니다.

무엇보다도 대표는 약속을 지켰습니다. 이 탁월한 아이디어를 낸 현장직 직원에게는 천만 원의 포상금이 지급되었습니다. 회사 전체가 축하하는 분위기였고, 다른 직원들도 "나도 뭔가 생각해 봐야겠다"며 한층 적극적으로 변화에 참여하기 시작했습니다.

A. 산업

이 사례는 제조업 분야의 중소기업에서 일어난 일입니다. 생산성 향상과 공정 혁신을 위해 스마트 제조 기술을 검토하던 시점이었습니다.

B. 기업 규모

직원 수는 100인을 조금 넘는 규모였습니다. 본사와 생산 현장이 분리되어 있지 않아 조직문화 변화가 전사적으로 빠르게 퍼질 수 있는 환경이었습니다.

C. 배경

회사는 스마트 공정 도입을 추진하면서 동시에 조직문화 혁신을 위한 내부 의견 수렴 제도를 도입했습니다. 직원들의 참여를 유도하고, 실질적인 개선을 만들어내는 데 목적이 있었습니다.

D. 도전과제

스마트 공정 도입은 큰 예산과 준비가 필요한 프로젝트였습니다. 하지만 그 이전에, 실제로 어떤 변화가 가장 효과적인가에 대한 실증적 검토가 필요한 상황이었습니다. 또한 직원들의 자발적인 참여와 창의적인 의견 개진을 어떻게 끌어낼 수 있을지도 중요한 과제였습니다.

E. 해결 전략

회사는 우수 제안 포상 제도를 통해 직원의 의견을 제도적으로 반영하기 시작했고, 현장직 직원의 소소하지만 실질적인 제안 하나가 큰 전환점을 만들어냈습니다. 테이프를 당기기 쉬운 환경을 만들기 위한 단순한 장치 하나가 전체 작업 흐름을 바꾸었고, 이에 따른 생산성 향상은 기대 이상이었습니다. 스마트 설비 대신 현실적인 해결책이 선택된 순간이었습니다.

F. 성과

테이프 걸이 설치 이후, 관련 작업의 소요 시간이 크게 줄었고, 회사는 설비 투자 비용을 줄이는 대신 다른 프로젝트에 집중할 수 있었습니다. 제안자는 포상금을 받았고, 그 사건은 회사 전체에 "작은 아이디어도 큰 변화를 만든다"는 메시지를 전했습니다. 이후 다른 직원들의 참여도 더욱 활발해졌습니다.

G. 시사점

이 사례는 스마트 공정만이 변화의 답이 아니라는 점을 분명히 보여줍니다. 진짜 '스마트'한 해법은 현장을 가장 잘 아는 사람의 머리에서 나올 수 있습니다. 리더가 직원의 의견을 진심으로 받아들이고, 그 가치를 인정할 때, 조직은 비약적인 성장을 이룰 수 있습니다. 단순한 구조 개선이 고도화된 기술을 대신할 수 있었던 이 사례는, 문제 해결의 출발점이 '사람'이라는 것을 다시금 일깨워 줍니다.

이번 장에서는 직원의 아이디어와 제안을 통해 실제 문제 해결에 성공한 네 개의 중소기업 사례를 살펴보았습니다. 이들은 모두 공통적으로 직원의 의견을 적극 수렴한 '직원 중심의 문제 해결'이라는 방향성을 가지고 있었습니다. 특별한 외부 자원이 있었던 것도 아니고, 최신 기술에 의존한 것도 아니었습니다. 문제를 가장 가까이에서 마주하고 있는 직원들의 경험과 제안을 조직이 진지하게 받아들였을 때, 변화는 시작되었습니다.

첫 번째 사례에서는 소규모 카페의 직원 한마디가 매장의 동선을 바꾸고, 서비스 품질과 고객 만족도를 높이는 전환점이 되었습니다. 두 번째 사례는 인력난을 겪던 조사 업체가 경력단절 여성을 새롭게 발굴함으로써 안정적인 운영 기반을 마련한 이야기였습니다. 세 번째 사례에서는 "말해도 달라지는 게 없다"는 직원의 솔직한 말 한마디가 건의 사항 피드백 시스템을 만들었고, 그것이 전사적인 의견 수렴 문화로 이어졌습니다. 마지막 사례는 단순한 '걸이 하나'가 고가의 스마트 설비를 대신할 만큼의 효율을 만들어 낸 순간을 보여주었습니다.

이 사례들은 조직의 규모나 업종에 관계없이 적용할 수 있는 중요한 시사점을 전해줍니다. 문제 해결의 열쇠는 멀리 있지 않습니다. 현장을 가장 잘 아는 직원의 눈과 손, 그리고 말 속에 그 해답이 숨어 있는 경우가 많습니다. 그리고 그 해답을 끌어내기 위해 필요한 것은 아주 거창한 체계가 아니라, 경청하고 존중하려는 리더의 태도, 그리고 실행으로 이어지는 진심 어린 반응입니다.

사람 중심의 경영은 단지 이상적인 구호가 아니라, 실질적인 성과로 이어지는 매우 현실적인 전략이기도 합니다. 조직이 직원을 단순한 '인력'이 아니라 문제를 함께 푸는 '동료'로 인식할 때, 일터는 더 강하고 유연해질 수 있습니다. 그리고 그런 일터야말로 불확실한 시대에 지속적으로 성장할 수 있는 힘을 갖게 됩니다.

'직원 중심의 문제 해결', 해답은 늘 가까운 곳에 있습니다.

V.
진정한 '기업의 이익 = 직원의 이익'

"기업이 잘되어야 직원도 잘된다. 그러니 기업이 우선 살고 봐야 한다." 우리나라 많은 경영자들이 오랫동안 강조해 온 말입니다. 과거에는 이 말에 공감하는 이들이 많았습니다. 한번 입사하면 정년까지 함께하는 '평생직장'이 있었고, 기업의 성장이 곧 직원의 삶을 지탱해 주는 기반이 되었기 때문입니다.

하지만 IMF 외환위기 이후, 그 믿음은 크게 흔들렸습니다. "회사가 먼저 살아야 한다"는 명분 아래 많은 기업들이 대규모 구조조정을 단행했고, 평생직장의 약속은 깨졌습니다. 가족의 생계를 책임지던 이들이 하루아침에 일터를 잃었고, 직원의 삶을 책임지겠다는 기업의 말은 신뢰를 잃었습니다. 이제 "회사가 잘되면 당신에게도 좋을 것"이라는 말만으로는, 직원들의 마음을 얻을 수 없습니다. 말보다 중요한 것은 '실제 경험'입니다. 기업이 이익을 낼 때 그 성과를 직원들과 함께 나누는지, 어려움이 닥쳤을 때 직원들을 끝까지 지키려 애쓰는지, 그 실질적인 행동이 있어야 직원들의 마음을 움직일 수 있습니다.

이번 장에서는 바로 그런 기업들의 이야기를 소개하고자 합니다. 회사가 성장의 성과를 직원들과 함께 나누었을 때 어떤 변화가 일어났는지, 기업이 진심을 다해 직원과 함께 걸었을 때 어떤 믿음이 싹텄는지를 살펴보겠습니다. 단순한 분배를 넘어, '이익을 함께 만드는 관계'로 나아간 기업들의 선택이 어떤 신뢰와 지속가능성을 만들어냈는지 주목해 보시기 바랍니다.

사례 1) 약속의 무게 – 매출 10억 달성하면 다 같이 해외여행

"정말로 가게 될 줄은 몰랐어요. 대표님이 진짜 약속 지키셨어요."

직원 수 10인 미만의 소규모 온라인 콘텐츠 개발 업체에서 있었던 이야기입니다. 빠르게 바뀌는 고객 요구에 대응해야 하는 업무 특성상, 기획자와 디자이너, 콘텐츠 매니저 간의 유기적인 협업이 무엇보다 중요한 환경이었습니다.

이 업체의 대표는 평소에도 "직원이 행복해야 회사도 잘된다"는 소신을 지닌 사람이었습니다. 회사의 매출과 수익이 안정적이긴 했지만, 규모가 작다 보니 대표가 가져가는 이익이 아주 크지는 않았습니다. 그럼에도 대표는 직원들에게 이렇게 약속했습니다. "올해 매출이 10억 원을 넘기면, 전 직원 일본으로 해외여행 보내드릴게요. 비용은 전부 제가 부담하겠습니다."

처음 이 말을 들었을 때, 직원들은 반신반의했습니다. 당시 매출이 연 6-7억 원 수준이었기 때문에 10억은 도전적인 목표였습니다. 게다가 회사가 큰 자본을 가진 기업도 아니었기에 해외여행은 그 자체로도 큰 보상이었습니다. 정말 그렇게까지 해줄까 싶은 마음도 있었지만, 대표의 평소 진심 어린 태도 덕분에 다들 기대하는 마음이 컸습니다.

직원들은 사무실 분위기를 더 좋게 만들고, 맡은 프로젝트에 더욱 열정을 쏟기 시작했습니다. 서로 도우며 일의 속도와 질도 점점 높아졌습니다. 프로젝트 진행 속도와 품질 모두 향상되었고, 작은 아이디어 하나라도 적극 공유하며 사내 분위기도 더 활기차게 바뀌었습니다. 결국 그해, 회사는 목표했던 10억 원의 매출을 달성하게 되고, 대표는 약속을 잊지 않았습니다. "이건 여러분이 함께 만든 성과니까, 함께 기념하고 싶습니다."

그렇게 전 직원이 일본으로 해외여행을 떠나게 되었습니다. 그 시간은 단순한 '휴식'이 아니라, 서로를 다시 한번 신뢰하게 되는 소중한 계기가 되었습니다. 한 직원은 이렇게 이야기했습니다. "보상도 좋았지만, 대표님이 우리를 믿고 약속을 지켰다는 게 더 기억에 남아요. 이 회사에서 더 오래 일하고 싶어요."

일본 여행을 다녀온 직후, 대표는 20억 매출을 달성하면 모두 함께 일주일간 유럽 여행을 가자며 두 번째 공약을 내세웠습니다. 직원들은 또 환호했고, 모두 한마음으로 다음의 목표를 향해 달리고 있습니다.

A. 산업

해당 업체는 웹툰, 캐릭터, 숏폼 영상, SNS 콘텐츠 등 다양한 온라인 콘텐츠를 기획·제작하는 디지털 콘텐츠 제작사였습니다. 급변하는 콘텐츠 트렌드에 민감하게 대응해야 하며, 직원 개개인의 창의성과 집중력이 조직 성과에 직접 연결되는 특성을 갖고 있었습니다.

B. 기업 규모

직원 수는 10인 미만으로, 대표를 포함해 기획자, 디자이너, 콘텐츠 매니저 등 소수 인원으로 구성된 소규모 사업장이었습니다. 직급 구분이 크지 않고, 서로의 업무를 밀접하게 이해하며 협력하는 문화가 자연스럽게 형성되어 있었습니다.

C. 배경

회사는 안정적인 성장을 이어가고 있었지만, 더 높은 성과를 내려면 직원들의 몰입과 집중이 더욱 필요한 상황이었습니다. 대표는 "외부에서 강제하는 동기부여"보다는 "직원 스스로 동기부여 할 수 있는 구조"를 만들고 싶었습니다. 그 방안으로 성과와 신뢰를 동시에 이끌 수 있는 상징적 보상을 고민하던 중 해외여행 아이디어를 제시하게 되었습니다.

D. 도전과제

소규모 조직이 연 매출 10억 원을 달성하는 일은 쉽지 않은 목표였습니다. 또한 보상에 대한 기대가 실망으로 이어질 경우, 오히려 조직 내 신뢰가 흔들릴 수 있다는 점도 중요한 고려 사항이었습니다. 대표에게는 실제 매출을 끌어올리는 동시에, 그에 상응하는 약속을 책임 있게 지켜야 한다는 부담도 따랐습니다.

E. 해결 전략

대표는 직원들에게 목표와 보상을 명확하게 제시하고, 그 과정에서 '함께 가자'는 메시지를 꾸준히 전달했습니다. 단순히 보상을 제안한 것이 아니라, 직원들과의 심리적 유대감을 강화해 "회사가 약속을 지키면, 우리도 약속을 지킨다"는 조직문화를 형성했습니다. 약속이 공허한 구호로 끝나지 않도록, 목표 달성 후에는 신속하게 여행을 준비하며 실천력을 보여주었습니다.

F. 성과

목표했던 매출을 달성한 것뿐만 아니라, 대표의 약속 이행이 조직 전체에 긍정적인 영향을 남겼습니다. 직원들의 충성도와 만족도는 높아졌고, "이 회사라면 계속 함께하고 싶다"는 내부 분위기가 형성되었습니다. 이후에도 직원들이 자발적으로 아이디어를 내고, 새로운 도전에 더 적극적으로 임하게 되었으며, 조직의 응집력도 한층 높아졌습니다.

G. 시사점

이 사례는 '신뢰'와 '보상'이 분리되지 않고 함께 가야 한다는 사실을 분명하게 보여줍니다. 작은 조직일수록 구성원 간의 약속은 곧 조직문화의 핵심이 됩니다. 대표가 먼저 약속을 걸고, 그것을 책임감 있게 지켜냄으로써 구성원들의 몰입을 이끌어내는 방식은 단순한 복지 차원이 아닌, 지속 가능한 경영 전략이 될 수 있습니다. 무엇보다 중요한 점은, 말로만 '사람 중심'을 외치는 것이 아니라 그 가치를 실천하는 대표의 태도가 조직의 미래를 바꿀 수 있다는 점입니다. 이 작은 콘텐츠 회사는 신뢰를 기반으로 한 약속이 어떻게 진짜 성과로 이어지는지를 분명하게 증명해 보였습니다.

사례 2) 회사의 이익은 직원의 이익 – 같이 일했으니, 같이 나눕니다

"이만큼 벌었으니까, 이만큼 나누겠습니다. 함께 일한 덕분입니다."

이야기는 지방의 한 중소 기술회사에서 시작됩니다. 이 회사는 제조업 분야에서 소형 부품을 개발·공급하는 기업이었습니다. 오랜 기간 기술력은 갖고 있으면서도, 영업망이 좁아 수익이 일정 수준 이상 올라가지 못하고 있었습니다. 그러던 중 한 대기업과의 납품 계약이 성사되면서, 회사는 한 단계 도약할 수 있는 기회를 맞이하게 되었습니다.

기업의 수익이 확 늘면서 대표는 고민을 하게 됐습니다. 사업 규모를 확장할 수 있는 절호의 기회였기 때문입니다. 하지만 해외 시장의 불안정한 상황을 생각하면 섣불리 사업 확장에 들어가기도 조심스러웠습니다. 국내 대기업 납품이 얼마나 오랫동안 안정적으로 이어질지 알 수 없는 상황에 모험을 하기는 꺼려졌던 것입니다.

고민하던 대표는 그간 한 사람당 여러 역할을 도맡아 가며 회사를 지탱해 준 직원들을 떠올렸습니다. 회사가 무너져 가기 직전에도 함께 고생해 준 직원들 덕분에 지금의 기회까지 닿은 것이라고 생각했습니다. 대표는 월례 회의에서 전 직원 앞에서 이렇게 선언했습니다. “올해 우리가 납품 계약을 통해 예상보다 훨씬 많은 영업이익을 냈습니다. 그중 일부를 여러분께 돌려드리고 싶습니다. 이번 분기 성과급은 연차와 직급에 상관없이 동일한 액수로 지급합니다.”

전 직원이 회사가 떠나갈 듯 크게 환호했습니다. 보통은 회사가 커질수록 보상 체계도 복잡해지고, 위쪽으로 이익이 쏠리기 마련이라는 걸 모두 알고 있었기 때문입니다. 하지만 이 회사는 달랐습니다. 함께 이룬 성과는 ‘함께 나누는 것’이 기본 원칙이었고, 그것이 실제로 행동으로 이어졌던 것입니다.

성과급이 지급된 이후, 조직의 분위기는 확연히 달라졌습니다. 누구 하나 눈치를 보지 않고, 누구 하나 억울하다고 하지 않았습니다. 간부급들은 연봉에 비해 성과급이 적었다고 불평하지 않았고, 현장 직원들에게 눈치를 주는 일도 없었습니다. 회사 전체에 “내년에도 또 잘해보자”는 말들이 자연스럽게 오갔고, 팀 간 협업도 훨씬 더 매끄러워졌습니다.

그 후 대표는 이 제도를 정례화했습니다. 회사의 연간 영업이익 중 일정 비율을 정해 직원들에게 분배하겠다는 원칙을 내세운 것입니다. 그 기준도 매년 회계 마감 후 전 직원에게 직접 설명했고, 어떤 방식으로 배분될지를 투명하게 공유했습니다. 회사에서 ‘이익은 대표와 경영진이 가져가는 것’이라는 생각은 사라졌습니다. 대신 ‘우리가 같이 만든 성과는 같이 누리는 것’이라는 조직적 믿음이 자리 잡았습니다. 이 믿음은 직원들의 애사심과 몰입도를 높였습니다. 회사를 위해 더 노력하고, 더 집중하고, 더 생산성을 내자는 분위기가 조성되었습니다.

A. 산업

이 사례는 소형 부품을 개발 및 공급하는 전문 제조기업의 이야기입니다. 부품 개발과 납품이 주요 사업이며, 소규모 팀 단위로 긴밀하게 협업하는 기술 중심의 업종입니다.

B. 기업 규모

직원 수는 약 50명 남짓으로 대표를 포함해 연구개발, 생산, 영업, 관리 부서로 구성되어 있습니다. 조직 내 의사소통이 빠르고, 상하 관계보다는 팀 중심의 실무 협업이 많은 곳이었습니다.

C. 배경

대기업과의 신규 납품 계약을 통해 기존 대비 2-3배 규모의 매출과 이익을 확보하게 되었고, 회사는 전례 없이 큰 영업이익을 얻게 되었습니다. 그러나 동시에 내부 인프라나 체계는 여전히 소규모 기업의 틀에 머물러 있었고, 대표는 이 시점에 회사 확장을 고민하고 있었습니다. 그러다 불안정한 시장 상황을 생각하고, 긍정적인 조직문화 조성으로 방향성을 바꿨습니다. 전 직원에게 동일한 액수의 성과급을 지급한 것입니다.

D. 도전과제

이익이 급증하는 상황에서 그 성과를 어떻게 배분할 것인지, 그리고 직원들의 사기를 어떻게 지속적으로 높일 것인지가 핵심 과제였습니다. 단순한 일회성 보상이 아니라, 신뢰를 기반으로 한 제도화가 필요했습니다.

E. 해결 전략

대표는 분기 단위로 영업이익 일부를 성과급으로 정액 지급하되, 이를 정례화하는 제도를 만들었습니다. 전 직원에게 동일한 성과급을 지급하며, '함께 일한 만큼 함께 나눈다'는 원칙을 강조했습니다. 이 방침은 전사 회의에서 투명하게 설명되었고, 직원들의 참여와 이해를 돕기 위해 향후 분기별 수익 공유 기준도 함께 공개했습니다.

F. 성과

성과급 제도 도입 후, 직원들의 소속감과 충성도가 눈에 띄게 향상되었습니다. 프로젝트 추진 속도와 품질이 향상되었고, 부서 간 협업과 문제 해결도 한결 매끄러워졌습니다. 직원 이직률은 크게 감소했으며, 채용 과정에서도 "이익을 나누는 회사"라는 평판 덕분에 지원자가 늘어났습니다.

G. 시사점

이 사례는 '기업의 이익이 직원의 이익이 될 수 있다'는 원칙을 실천한 대표적인 사례입니다. 단순히 보상을 했다는 것에 그치지 않고, 그 과정을 정례화하고 투명하게 운영함으로써 직원들과의 신뢰를 구축했습니다. 특히 소규모 조직일수록 보상의 공정성과 일관성은 조직문화를 형성하는 핵심 축이 됩니다. 이 회사는 이익 공유를 통해 '회사가 잘되는 것이 곧 나의 성과'라는 인식을 자연스럽게 심어 주었고, 그 믿음은 회사의 지속가능성을 높이는 든든한 기반이 되었습니다.

사례 3) 일터가 달라진다 – 직원이 스스로 생각하는 일터 만들기

"개선 제안 하나로 10만 원 생산성이 늘어나면, 2만 원을 주겠다 하셨어요."

이번 사례는 앞 장에서 본 '직원에게서 답을 찾는' 기업에 해당하기도 합니다. 또한 동시에 직원의 제안으로 얻은 이익을 직원과 공유하여 회사가 잘되면 직원도 이익을 본다는 신뢰를 주기도 했습니다. 해당 기업은 지방의 100인 미만 중소업체였습니다. 이 회사의 사장은 '현장은 단순히 지시대로 움직이는 공간이 아니라, 생각이 모이고 공유되는 일터가 되어야 한다'는 철학을 가지고 있었습니다. 그는 종종 이렇게 말하곤 했습니다. "한 사람의 머리보다, 열 사람의 머리가 낫다."

사장의 철학은 실제 현장에서도 실천되고 있었습니다. 예를 들어, 어떤 공정에서 생산성 문제나 작업 효율의 어려움이 생기면, 단순히 관리자나 팀장이 해결책을 지시하는 방식이 아니라, 작업자들이 스스로 "어떻게 하면 더 잘할 수 있을까?"를 생각하도록 유도했습니다.

이를 위해 회사는 직원들이 빨리 작업하여 목표한 시간보다 빨리 끝내면 그만큼 휴식 시간을 갖게 했습니다. 또한 사장의 독려로 임원급들이 '경청하는 법'을 훈련받고, 현장 직원들과 함께 동호회 활동을 하며 편하게 대화를 나누도록 유도했습니다. 치킨이나 간식을 제공하여 분위기를 부드럽게 풀어가기도 했습니다.

쉬는 시간이 생기면서 직원들은 업무에 대해 서로 대화하고 생각하게 되었습니다. 임원급과 직접 소통을 하게 되면서 다양한 건의를 하기 시작했습니다. 건의한 내용은 게시판에 기록되었고, 사측은 실행 가능성을 검토하고 가급적 2주 이내에 답을 주는 절차를 정착시켰습니다. 2주 안에 해결하기 어려운 사안은 잊지 않았으며 계속 검토하고 있음을 3개월마다 전체

조회에서 알려줬습니다.

직원이 개선점을 건의하는 문화가 처음부터 자리 잡은 것은 아니었습니다. 초창기에는 대부분 “없습니다”, “별다른 건 없습니다” 같은 반응이 대부분이었습니다. 하지만 회사는 포기하지 않았습니다. 의견을 낸다고 해서 반드시 결과로 이어지지 않더라도, 그 과정을 통해 ‘생각하는 문화’가 자리 잡히기를 바랐기 때문입니다.

직원의 능동적인 생각을 유도하기 위해, 회사는 또 하나의 장치를 더했습니다. 예컨대, 한 개선 제안을 통해 월 10만 원의 생산성이 늘어났다면, 그중 2만 원을 직원에게 공유해 주기로 한 것입니다. 단순한 아이디어였지만 효과는 즉각적이었습니다. 이전보다 훨씬 적극적으로 “이건 어떨까?”, “이 방식으로 해보면 어떨까요?” 같은 제안들이 늘어났습니다. 우수한 개선 사례가 공유되고, 포상이 지급되는 걸 보면서 직원들은 서로 긍정적인 자극을 받았습니다. 자연스럽게 ‘좋은 개선’에 대한 경쟁과 협력이 동시에 이루어졌습니다.

이러한 일터 혁신은 단순한 캠페인에 그치지 않고, 작업자들이 스스로 일의 방식을 바꾸고 더 나은 방법을 고민하게 만든다는 점에서 ‘스마트한 일터’로의 변화였습니다.

A. 산업

이 사례는 지방의 제조업체에서 일어난 일입니다. 제조업 중에서도 3D 업체라고 불리는 영역을 담당하고 있으며, 악취 등으로 작업환경이 좋지는 않았습니다.

B. 기업 규모

직원 수는 약 100인 미만으로, 현장직과 관리직이 구분되어 있으며, 초반에는 이직률이 매우 높은 편이었습니다. 경직된 조직문화를 갖고 있었고, 직원들도 힘들게 일하고 있었습니다. 하지만 사장이 그런 점에 대해 문제의식을 가졌고, 개선해야겠다는 의지를 보였습니다.

C. 배경

회사는 직원들이 웃으면서 일하는 사업장, 이직률이 낮은 사업장을 만들겠다는 목표로 일터 혁신과 조직문화 개선을 시도했습니다. 개선의 방향성에 대해 직원의 의견을 적극 수렴하고자 했으나, 초반에는 직원들이 의견을 내는 것에 익숙하지 않아 참여가 저조했습니다. 대표는 '지시만 받는 노동'이 아니라 '생각하는 일터'를 만들고 싶다는 목표 아래, 다양한 방식으로 직원들의 생각을 이끌어내려 노력했습니다.

D. 도전과제

가장 큰 도전은 '현장 직원들이 자발적으로 의견을 내고, 스스로 개선을 고민하는 문화'를 어떻게 정착시킬 수 있느냐였습니다. 처음에는 의견을 끌어내기조차 어려웠고, 오랫동안 수직적인 문화에 익숙했던 조직 분위기도 변화의 장벽이었습니다.

E. 해결 전략

대표와 관리자들은 작업을 빠르게 마친 직원들에게 휴식 시간을 부여했습니다. 업무와 관련하여 생각하고 소통할 시간을 주기 위해서였습니다. 임원급들이 현장 직원과 함께 동호회 활동을 하고, 경청하는 태도로 그들의 말을 들어주면서 다양한 의견이 쏟아지기 시작했습니다. 직원들의 의견은 게시판에 기록되었고, 사측은 모든 의견을 검토하고 2주 안에 답을 주는 절차를 습관화했습니다. 2주 안에 해결하기 어려운 사안은 3개월마다 계속 고민하고 있음을 공지하여 직원들이 자신의 의견이 잊히지 않고 존중되고 있음을 느끼게 했습니다. 그리고 실질적인 동기부여를 위해 개선 의견으로 얻은 이익의 일부를 직원에게 공유하는 제도를 도입했습니다. 이를 통해 자연스럽게 '생각하고 말하는 문화'를 확산시켰습니다.

F. 성과

처음에는 제안을 꺼리던 현장직들도 점차 "이건 해볼 만한가?" 하고 말하기 시작했습니다. 의견 제출 건수와 품질 모두 증가했고, 실제로 여러 공정에서 작업 속도와 품질 개선이 이루어졌습니다. 포상제도가 도입된 이후에는 동기부여가 더 확실해졌고, '내가 회사에 기여하고 있다'는 자부심도 생겼습니다. 직원 간 수평적인 의사소통도 활성화되었습니다.

G. 시사점

이 사례는 '지시를 기다리는 현장'에서 '스스로 생각하고 제안하는 현장'으로의 전환이 가능함을 보여줍니다. 단순히 "의견을 내라"고 하는 것이 아니라, 그것이 존중받고 실제로 반영되며, 실질적인 보상으로 이어질 때 사람들은 행동하게 됩니다. '한 사람의 머리보다 열 사람의 머리가 낫다'는 철학이 문화로 자리 잡은 이 회사의 사례는, 직원을 존중하고, 직원이 낸 성과에 대해 직접적인 보상을 제공하는 방식이 어떤 힘을 갖는지 잘 보여주는 모범적 사례라 할 수 있습니다.

사례 4) 싱글 PPM을 향한 여정 – 불량률 낮아지면 전 직원 포상금

"우리 월급은 현장에서 나옵니다. 그러니, 우리가 현장을 도와야 합니다."

지방에 위치한 중소 제조업체에서 경험한 기적의 사례입니다. 이곳은 100인이 조금 넘는 규모로, 한때 심각한 불량 문제에 시달리고 있었습니다. 품질 관리(QC)로 입사한 한 직원은 "아침에 출근하는 게 겁날 정도"였다고 회고할 정도였습니다. 생산된 제품의 상당수가 불량으로 분류되었고, 대부분의 하루는 그 불량품을 다시 손질하는 재작업(Rework)으로 마무리되는 날들이었습니다. 당시 현장과 사무직 간의 분리된 분위기 역시 상황을 더 어렵게 만들었습니다.

현장의 반장들은 "우리는 찍기만 하면 된다. 불량은 QC가 알아서 하는 것"이라는 인식을 가지고 있었고, 사무직은 이와 분리된 채 고립되어 있었습니다. 하지만 이 상태로는 더 이상 버티기 어렵다고 느낀 해당 직원은 변화의 필요성을 절실히 깨달았습니다. 그는 점차 품질 문제를 '현장과 사무가 함께 해결해야 할 과제'로 전환하기 위해 움직였습니다. 그가 바로 이 기업의 변화를 주도한 사람이자, 본 사례의 주인공이었습니다.

그는 2009년도에 'I-BEST 혁신 활동'을 도입했습니다. I-BEST는 'I(나), Basic, Easy, Standard, Total'의 약자로, 가장 기초적이고 쉬운 개선부터 시작해 표준화와 종합적 혁신을 추구하자는 의미였습니다. 전 직원이 참여하는 개선 활동을 꾸준히 이어가는 과정에서, 대한상공회의소와 함께 '싱글 PPM(Parts per Million)' 품질혁신 프로그램에 참여하게 되었습니다. PPM은 백만 개당 불량률을 나타내는 단위로, 싱글 PPM은 100개당 오직 하나의 불량률만 발생한다는 의미입니다.

물론 처음부터 싱글 PPM을 목표로 하기엔 무리가 있었습니다. 그래서 일차적인 목표를 '100 PPM', 즉 100만 개 중 100개의 불량률 달성으로 잡았습니다. 쉽지 않은 과정이었지만, 3개월 만에 목표를 달성했고, 사장은 이에 대한 보상으로 현장과 사무 구분 없이 모든 직원에게 월급과 금일봉을 지급했습니다. 직원들은 월급이 잘못 들어온 줄 알았다가 사장이 보상을 해준 것을 알고 모두 환호했습니다. 가장 회의적이던 현장의 반장들조차 "처음엔 왜 하는지 몰랐는데, 한번 돈맛을 보니 생각이 바뀐다"고 말할 정도였습니다.

다음은 50 PPM이 목표였습니다. 주인공은 이때 다른 직원들에게 50 PPM을 달성하면 또 포상받게 될 것이라고 설득했습니다. 사장과는 사전에 얘기되지 않았던 약속이었습니다. 하지만 이미 100 PPM의 포상을 받아 본 직원들은 주인공의 말을 믿었고, 힘을 내서 2개월 만에 목표를 달성했습니다.

사장은 50 PPM에 대한 보상을 주진 않았습니다. 본인은 약속한 바가 없었기 때문입니다. 하지만 종무식 자리에서 "싱글 PPM을 달성하면 50 PPM 달성 때 지급하지 않은 보상까지 두 배로 주겠다"고 공식 선언했습니다. 그 결과, 전 직원은 목표 달성을 위해 더욱 힘을 모았고, 싱글 PPM 달성은 불과 1개월 만에 이루어졌습니다. 이후 6개월간의 검증 기간을 거쳐 회사는 싱글 PPM 인증을 획득하게 되었습니다.

이 성과는 단순한 품질 수치 개선을 넘어, 조직 전체에 커다란 변화를 가져왔습니다. 현장과 사무 간 벽이 허물어졌고, 불량률이 줄면서 생산성은 올라갔습니다. 실패 비용이 눈에 띄게 절감되고, 그에 대한 직접적인 포상을 직원들이 받게 되면서 품질 향상이 곧 직원의 이익이라는 경험이 전사에 퍼졌습니다. 회사의 변혁을 위해 몸을 내던진 한 직원과 그에 따른 이익을 직원에게 실질적인 보상으로 지급한 사장의 태도가 기업 문화의 전환점을 만들었습니다.

A. 산업

이 사례는 부품을 납품하는 지방의 중소 제조업체로, 동종 분야의 다른 제조업체가 그렇듯 품질 관리와 생산 효율이 기업 경쟁력에 직결되는 곳이었습니다.

B. 기업 규모

직원 수는 100인을 조금 넘는 수준으로, 편의상 300인 미만 기업으로 분류되었습니다. 생산직과 사무직이 모두 존재하며, 부서 간 협업이 매우 중요한 곳이었습니다.

C. 배경

불량률이 높고, 품질 실패 비용이 반복적으로 발생하던 시기였습니다. 현장은 생산만 하고, 품질은 품질관리부서에서 알아서 하면 된다는 단절된 분위기 속에서 문제의식이 결여되어 있었고, 개선을 위한 동기부여도 부족했습니다.

D. 도전과제

불량률을 낮추고 생산성을 끌어올리는 동시에, 부서 간 분절된 책임 의식을 개선하고, 조직 전반의 참여를 유도하는 것이 핵심 과제였습니다.

E. 해결 전략

사례의 주인공이 주도하여 'I-Best' 혁신 활동을 도입하고, 대한상공회의

소와 연계한 품질혁신 인증(100 PPM → 50 PPM → 싱글 PPM)을 추진했습니다. 관심을 보이지 않는 현장 직원들을 설득하기 위해 함께 워크숍을 하고, 조장과 작업자들이 같은 목표 의식을 공유할 수 있도록 작업조 간의 선의의 경쟁을 유도했습니다.

사장은 첫 목표 달성과 함께 전 직원에게 같은 금액의 포상을 지급했습니다. 50 PPM을 달성하자, 싱글 PPM을 달성하면 두 배로 포상하겠다며 직원들의 적극적인 참여를 독려했습니다. 또한 그 약속을 실제로 지켰습니다. 막연하게 회사가 살아야 직원이 산다는 고루한 철학을 내세운 것이 아니라, 정말로 회사의 이익이 직원의 이익과 직결됨을 보여준 것입니다.

F. 성과

불량률이 단기간에 급감하면서 생산성과 수율이 크게 개선되었고, 실패비용 및 잔업비용이 절감되었습니다. 품질 개선 성과에 따른 보상이 전사에 돌아가면서, 조직 전반에 "우리 모두가 문제 해결 주체"라는 인식이 확산되었습니다. 결과적으로 생산과 품질, 사무 등 부서 간 협력이 강화되었고, 자발적인 개선 활동이 이어지는 기반이 마련되었습니다. 해당 기업은 이후에도 다른 혁신을 추진했고 여러 차례 성공을 맛보았습니다.

G. 시사점

이 사례는 직원 참여와 품질 개선이 단순히 관리 차원의 과제가 아닌, 전사적 혁신의 시작점이 될 수 있음을 보여줍니다. 특히 개선의 효과가 눈에 보이는 '수치'로 나타났고, 그것이 '실질적 보상'으로 이어졌을 때 조직 전체의 에너지가 달라졌습니다.

또한, 관리자든 작업자든 "우리 월급은 현장에서 나온다"는 인식 전환이 일어났고, 이를 중심으로 기업 이익과 직원 이익이 하나로 연결되었습니다. 경영진의 의지와 실무자의 실행력이 함께 맞물릴 때, 문제 해결은 단순한 대응을 넘어 근본적인 변화로 이어질 수 있다는 점에서 매우 시사적인 사례입니다.

IMF 외환 위기 속에서 이뤄졌던 구조조정과 비정규직 도입은 "기업이 살아야 직원도 산다"는 믿음을 완전히 깨트렸습니다. 이제는 단순한 구호나 선언만으로 직원들의 마음을 움직이기 어려운 시대입니다. 오히려 직원들은 묻습니다. "정말로 회사가 잘 되면, 우리에게도 그 이익이 돌아오는가?"

이 장에서 살펴본 네 가지 사례는 그 질문에 대한 하나의 명확한 해답을 제시합니다.

10억 매출 달성 시 해외여행을 보내겠다는 약속을 끝내 지킨 콘텐츠 회사, 회사의 이익을 정직하게 공유하며 성과급을 나눈 기업, 직원이 제안한 개선활동의 이익을 함께 나누는 방식으로 문화를 바꾼 기업, 불량률을 낮추기 위한 품질 혁신의 여정을 함께 걷고, 그 보상을 모두에게 안겨준 기업. 이들은 모두 말 대신 '행동'으로 기업의 진심을 보여주었습니다.

공통점은 분명합니다. 이익은 누군가의 몫이 아니라, 함께 만든 결과라는 인식을 조직 전체에 공유했다는 것입니다. 그리고 그 인식을 단단히 만드는 가장 강력한 방법은 말이 아니라 눈에 보이는 분배, 실질적인 보상이었습니다. 그 결과, 직원들은 단순히 '고용된 사람'이 아니라 '함께 가는 사람'으로 변화했습니다. 자발적으로 몰입하고, 더 나은 방식을 고민하고, 회사의 성장을 자신의 일처럼 여기게 됐습니다.

이러한 변화는 단기적 사기 진작을 넘어, 조직의 지속가능성과 회복 탄력성을 높이는 핵심 기반이 됩니다. 특히 인력 확보와 유지가 어려운 중소기업일수록, 성과를 공유하는 실질적인 시스템은 차별화된 경쟁력이 됩니다.

'기업이 잘돼야 직원이 산다'는 말은 여전히 유효할 수 있습니다. 단, 그 말이 진심임을 증명하는 실천이 뒤따를 때만 그렇습니다. 이 장의 사례들은 바로 그 실천이 만들어낸 신뢰와 변화의 힘을 보여주는 생생한 증거입니다.

VI.
정부 지원 정책은 도구일 뿐, 활용은 사람의 몫

중소기업을 위한 정부의 지원 정책은 생각보다 다양합니다. 일자리 창출, 청년 고용, 근로자 복지, 스마트 공장 전환, 기술 개발, 수출 지원 등 기업의 성장 단계마다 도움을 받을 수 있는 제도와 지원책이 마련되어 있습니다. 문제는 많은 기업이 이러한 제도를 '알지 못하거나', '알아도 복잡해서 활용하지 못한다'는 데 있습니다.

그런 점에서 어떤 기업들은 눈에 띄는 모범을 보여줍니다. 복잡한 절차와 요건에도 불구하고, 자신의 사업과 맞닿은 제도를 정확히 이해하고 적극적으로 활용하여 실제 경영 개선과 인력 확보에 성공한 사례들입니다. 정부가 제공한 정책은 이들 기업에게 도약의 기회가 되었습니다.

이 장에서는 바로 그런 기업들을 소개하고자 합니다. 정책을 '주어지는 혜택'으로만 보지 않고, 경영 전략의 일부로 받아들인 기업, 문서와 행정의 번거로움을 감수하더라도, 사람을 지키고 일자리를 만드는 데 적극 나선 기업, 공공의 자원을 단기 수익이 아닌, 장기 경쟁력으로 연결한 기업들의 이야기입니다.

이 사례들을 통해 우리는 알 수 있습니다. 정책 그 자체 못지않게 중요한 것은, 그 정책을 '어떤 철학과 태도로 받아들이느냐'임을 말입니다. 제도는 제도일 뿐, 결국 그것을 기회로 만드는 힘은 사람의 선택과 실행에 달려 있습니다. 이제부터 만날 이야기들은, 정부 정책을 효과적으로 활용한 기업들의 생생한 경험입니다.

사례 1) 정책을 읽는 눈 - 장애인 채용으로 가능성을 넓히다

"장애인을 채용한 건 지원사업 때문만은 아닙니다. 충분히 함께 일할 수 있는 인력이라고 생각해서였어요."

직원 10인 미만의 소규모 요식업 사업장이 있었습니다. 이곳의 사장은 오픈 초기부터 인력 수급에 어려움을 겪고 있었습니다. 처음에는 동종 업계의 다른 사업장처럼 비장애인 채용으로만 인력을 확보하려고 했습니다. 하지만 겨우 채용한 직원이 불친절하거나 불성실하여 고객에게 불만이 접수되기도 했고, 다른 곳이 시급을 좀 더 쳐 준다며 금방 이직하기도 했습니다. 믿고 함께 일할 수 있는 직원의 확보가 쉽지 않았던 것입니다.

사장은 우연한 기회에 장애인 고용 관련 지원 제도를 접하게 되었고, 관련 상담을 받고 나서야 알게 되었습니다. 우리가 흔히 생각하는 지체 장애나 지적장애 외에도, 각종 만성질환으로 장애 등급을 받은 사람들도 많다는 걸 말입니다. 질병 장애인 중에는 오랜 직장 경력을 가진 중장년층도 있었고, 체력적으로 너무 무리가 없는 선에서라면 성실하게 일할 수 있는 인재들이 충분히 있었습니다.

대표는 이 가능성에 주목했습니다. 실무 경험이 있는 질병 장애인들을 중심으로 인력을 확보한다면 함께 일하기도 수월할 것이고, 채용 이후에는 고용장려금 등 정부의 다양한 재정 지원도 받을 수 있었습니다. 사업장의 운영비에 부담을 덜 수 있는 동시에, 장애인 고용이라는 사회적 가치도 함께 실현이 가능하다는 장점이 있었습니다.

이후 사장은 몇 명의 질병 장애인을 홀과 카운터 담당으로 채용했습니다. 그들은 질병을 앓기 이전에 실무를 경험해 본 적이 있었으므로, 간단한 사전 안내 정도로 금방 무리 없이 업무에 적응했습니다. 비장애인 못지않은 수준이었습니다. 장애인 직원들은 다시 사회인으로 돌아올 수 있었기에 업무 만족도가 높았습니다. 그들은 잦은 병원 방문과 긴 진료 시간 때문에 보통의 9-6시 근무는 하기 어려운 상태였습니다. 하지만 요식업에서는 점심과 저녁 시간에만 집중적으로 일하면 되었습니다. 과거와는 달리 무거운 그릇을 일일이 쟁반에 담아 옮기는 일도 없고, 서빙 카트를 사용하기 때문에 훨씬 부담이 덜 했습니다. 요식업 특성상 일이 힘든 게 사실이긴 하지만, 그래도 비교적 만족스러운 근무 환경이었습니다.

대표는 이렇게 말했습니다. “저희 직원들 일도 잘하시고, 책임감도 강합니다. 손님 응대도 잘 해주시고요.”

A. 산업

해당 사업장은 요식업 매장으로, 홀 서비스와 카운터 담당 등의 직무에 상시 인력이 필요한 업종이었습니다.

B. 기업 규모

직원 수는 상시 근로자 5인 이상 조건을 간신히 채우는 소규모 사업장이었으며, 조리를 담당하는 대표 본인과 몇몇 상시 직원을 제외하곤 대부분 단기근로자 또는 시간제 근무자 형태로 인력을 구성하고 있었습니다.

C. 배경

일반 채용으로는 잦은 이직과 구인난에 시달리던 중, 장애인 고용 지원

제도를 접하게 되었고, 실질적인 인력 대안으로 장애인 고용을 결심하게 되었습니다. 특히 질병으로 장애인이 된 사람 중에는 사회생활을 해본 경우가 흔하다는 점이 고려 대상이었습니다.

D. 도전과제

장애인 고용에 대한 선입견, 직무 적응에 대한 우려, 고객 응대에 대한 부담 등 여러 심리적·환경적 장벽이 존재했습니다. 또한 초기에는 지원제도에 대한 정보도 부족했습니다.

E. 해결 전략

대표는 한국장애인고용공단과 지자체 복지 부서의 도움을 받아 제도를 구체적으로 파악하고, 직무 적합성이 높은 질병 장애인을 모집하여 채용했습니다. 장애인 고용장려금 등 정부의 지원을 적극적으로 신청하여 인건비 부담을 줄이고, 안정적인 고용을 유지할 수 있도록 했습니다.

일반적인 사업주들은 지적 장애인과 어떻게 소통해야 하는지 잘 알지 못합니다. 또한 지체 장애인을 채용하면 사업장 내부를 그들이 안전하게 근무할 수 있도록 개조해야 합니다. 이런 점 때문에 장애인 채용을 망설이게 되는데 질병 장애인이라면 상대적으로 이런 부담이 덜했습니다.

F. 성과

일자리 안정성과 직원 만족도가 높아졌으며, 사업장에도 긍정적인 이미지가 붙었습니다. 직원 이직률은 낮아졌고, 사업장의 내부 분위기도 더욱 협력적으로 바뀌었습니다. 자주 이직하는 비장애인보다는 계속 함께 일할 수 있는 장애인 직원이 훨씬 낫다는 생각이 사장뿐만 아니라 다른 직원들에게도 퍼졌습니다.

G. 시사점

이 사례는 정부의 정책과 제도가 '이용할 수 있는 정보'에 그치지 않고, 사업의 실질적인 인력 문제를 푸는 전략적 수단이 될 수 있음을 보여줍니다. 특히 소규모 사업장일수록 채용과 인건비의 압박은 크기 마련입니다. 그 부담을 완화하면서도 사회적 가치를 실현할 수 있는 방법이 존재한다는 점에서 시사하는 바가 큽니다. 본 사례에서 특히 중요한 것은 스스로 정부에서 시행 중인 정책과 지원 사항을 찾아보고, 그 내용을 사업장의 상황에 맞게 활용할 줄 아는 태도였습니다.

사례 2) 다시 함께, 더 오래 – 고령자 계속고용장려금의 효과적인 활용

"○○님 덕분에 회사는 정부에서 지원금도 받고, 품질도 더 좋아졌어요."

50인 미만의 지방 제조업체에서 경험한 사례입니다. 이곳은 정밀한 손작업과 반복 생산이 많은 공정을 다루는 곳이었습니다. 30년 가까이 함께 일해 온 베테랑 직원들이 하나둘 퇴직하면서, 대표는 큰 고민에 빠졌습니다. 단순해 보이는 작업이지만, 정밀함이 관건이기 때문에 아무나 할 수 있는 일이 아니었기 때문입니다.

새로운 인력을 뽑으려 해도 젊은 세대는 제조업을 선호하지 않았고, 특히 지방에서는 사람 구하기가 더 어려웠습니다. 시간제 근무나 단기 계약직을 채용할 수 있는 업무가 아니었습니다. 간신히 신입을 채용하면, 불량률이 안정권으로 낮아지기까지 훈련시키는 데 오랜 시간이 걸렸습니다.

그러던 중, 대표는 '고령자 계속고용장려금'과 같은 정부 제도를 알게 되었습니다. 일정 연령을 넘은 고령자 직원이 계속 일할 수 있도록 기업이 채용 또는 재고용하면, 정부에서 지원금을 지급해 주는 제도였습니다.

대표는 정년퇴직을 맞는 직원을 대상으로 계속 일할 생각은 없는지 확인해 봤습니다. 대부분 "몸이 허락한다면 얼마든지"라며 흔쾌히 응했습니다. 이들은 이미 현장에 익숙했고, 도면을 읽거나 장비를 다루는 데도 별문제가 없었습니다. 체력적으로 무리 없는 선에서 근무 시간을 조절하면, 전혀 부담이 없었습니다.

대표는 '고령자 계속고용장려금'을 활용하여 인건비 부담을 낮췄고, 대상이 된 고령 직원에게 이렇게 말하곤 했습니다. "○○ 덕분에 회사는 안정된 품질을 유지하고, 정부에서도 지원금을 받고 있습니다. 고맙습니다."

이 말을 들은 고령자 직원들은 "내 덕분에 회사가 돈을 번다니 뿌듯하다"며 웃었습니다. 단순히 생계를 위해 일하는 것이 아니라, 자신의 가치를 다시 확인하게 되는 일이었습니다. 고령 인력은 '경험에서 나오는 품질'이라는 강점을 가졌습니다. 숙련도도 높고, 작은 이상도 쉽게 포착해 낼 줄 알았습니다. 신입 직원 교육에도 큰 역할을 해주었고, 높은 숙련도를 유지하면서 제품 불량률도 낮은 수준으로 유지되었습니다.

대표는 이렇게 말했습니다. "예전에는 정년을 맞은 직원은 무조건 떠나야 하는 거라고 생각했는데, 이제는 경험 있는 분들과 계속 함께할 수 있게 되었습니다."

정년 이후로도 계속 일할 수 있다는 점은 젊은 직원들 사이에서도 높은 호응도를 불렀습니다. 제도가 유지된다면 본인들 역시 다른 직장에서 일할 때보다도 더 오랫동안 경제적인 안정성과 사회생활을 누릴 수 있기 때문입니다. 노사협의회에서도 젊은 직원들이 제도를 폐지하지 말고 계속 유지해 달라고 부탁한다고 합니다.

A. 산업

이 사례는 정밀 부품을 생산하는 제조업 분야의 기업으로, 일정한 손작업과 반복되는 공정 관리가 중요한 사업장이었습니다. 품질 유지와 작업 정확도가 기업의 신뢰와 직결되는 산업 특성이 있었습니다.

B. 기업 규모

직원 수 50인 미만의 소규모 제조업체로, 정년 전후의 고령자와 젊은 신규 인력이 혼재해 있습니다. 신입 인력의 구인난과 숙련자 부족 문제가 동시에 발생하고 있습니다.

C. 배경

정년을 맞은 직원들이 떠나며 숙련도 높은 작업자 확보가 어려워졌고, 젊은 인력의 유입도 쉽지 않아 생산 품질에 위기가 생기고 있었습니다. 이 과정에서 대표는 고령자 고용 유지 시 정부가 장려금을 제공하는 정책을 알게 되었고, 이를 적극 활용하기로 결정했습니다.

D. 도전과제

기존에는 '정년 퇴직=업무 종료'라는 인식이 강했고, 고령자가 현장에서 다시 일하는 것에 대한 선입견도 존재했습니다. 또한 체력 부담과 근무 형태 조정 같은 현실적인 조율도 필요했습니다.

E. 해결 전략

대표는 체력 부담을 고려해 연장근무를 최소화할 수 있는 업무 설계를 고민했습니다. 직원들이 편안하게 일할 수 있도록 작업환경도 일부 조정했습니다. 동시에 고령자 고용에 따른 정부 장려금(계속고용장려금 등)을 적극 신청해 인건비 부담을 줄였고, 그 금액이 실제로 얼마나 되는지도 직원들에게 설명하여 고용의 의미와 가치를 공유했습니다. 정년이 지난 고령 직원들이 젊은 직원들의 기회를 뺏는 것이 아니라, 그들 덕분에 인건비 부담이 줄어서 회사가 직원들에게 더 많은 지원을 제공할 수 있음을 알게 했습니다.

F. 성과

고령 인력의 복귀로 공정별 품질 안정성이 확보되었고, 신입 교육에도 중요한 역할을 해주며 조직 내 협업 구조가 개선되었습니다. 정부 장려금 덕분에 인건비 부담은 낮아졌고, 고령자 본인들도 "우리 덕분에 회사가 돈을 번다고 하니 뿌듯하다"며 높은 만족도를 보였습니다. 대표는 이 경험을 통해 '숙련자의 가치는 나이로 판단할 수 없다'는 중요한 교훈을 얻기도 했습니다.

G. 시사점

이 사례는 고령 인력 고용이 단지 직원 복지가 아니라, 사업장의 경쟁력을 높이는 현실적 선택이 될 수 있음을 보여줍니다. 숙련된 인력은 곧 기업의 자산이며, 정부 정책을 잘 활용하면 그 자산을 한층 더 효율적으로 활용할 수 있습니다.

정책을 이해하고, 조직 상황에 맞게 실천한 대표의 유연한 판단은 단순히 인력을 확보하는 데서 그치지 않고, 조직문화와 성과에 긍정적인 영향을 미쳤습니다. 앞으로도 고령화 시대를 맞아, 이와 같은 사례는 더욱 주목받을 것입니다.

사례 3) 성과 중심 체제 개편의 길 – 일터혁신 컨설팅

"조직을 바꾸는 일은 생각보다 오래 걸립니다. 하지만 시작하지 않으면 영영 변화도 없습니다."

사례에 등장하는 제조업체는 20명 규모일 때까지는 사장이 현장을 일일이 살피고 관리하는 방식으로 회사를 운영해 왔습니다. 그러나 인원이 40명을 넘어가면서부터는, 점점 누가 어떤 일을 하는지 파악하기 어려워졌습니다. 각자의 업무 내용과 역할이 정리되지 않으니 인사평가와 보상도 모호해졌고, 직원들도 자신의 업무가 어떤 기준으로 평가되는지 알 수 없다는 불만을 내기 시작했습니다.

대표는 더 이상 예전 방식으로는 조직을 운영하기 어렵다고 판단하고, 체계적인 인사관리 시스템을 도입하기로 했습니다. 고용노동부의 일터혁신 컨설팅 지원 사업에 참여하여, 컨설팅을 받고, 직무기술서와 직무평가 기준을 만들고, 성과 기반의 보상체계를 단계적으로 구축하기 시작했습니다. 다소 시간이 걸리고 적응이 더디더라도, 변화가 꼭 필요한 상황이었습니다.

특히 이 회사가 강조한 점은 평가의 '실제 연계성'이었습니다. 즉, 평가가 단지 형식적인 문서 작업에 그치지 않고 실제 보상과 연동되어야만 직원들이 체감할 수 있다는 점입니다. 그렇게 3년에 걸쳐 MBO(목표관리제) 시스템을 점진적으로 도입했고, 최근에는 부서 단위 목표를 설정하고 성과를 공유하는 방식으로 변화의 기반을 다져나가고 있습니다.

물론 어려움도 적지 않았습니다. 제도를 도입한다고 해서 문화가 금세 바뀌지는 않았기 때문입니다. 고참 직원들은 새로운 방식을 부담스러워했고, 젊은 직원들은 기존 조직문화의 비효율성에 불만을 표하기도 했습니다. 하지만 이 회사는 정부의 정책을 적극적으로 활용해 안전보건 시스템을 개선하고, 설비 투자와 연구개발을 강화하며 조직 내 신뢰를 쌓기 시작했습니다. 직원 모두가 '함께 가는 조직'을 만들기 위한 긴 여정이 시작된 셈입니다.

A. 산업

이 기업은 50인 미만의 후공정·정밀부품 제조업체입니다. 고정밀성과 생산성, 품질 안정성이 매우 중요한 업종이기도 합니다.

B. 기업 규모

전체 직원 수는 50인 미만이며, 관리직과 생산직, R&D 인력까지 포함된 규모입니다. 조직 변화와 시스템 구축의 필요성이 커지자, 컨설팅을 통한 평가·보상체계 정비에 나섰습니다.

C. 배경

직원 수가 늘어나면서 대표가 모든 업무를 파악하고 조정하는 방식은 한계에 부딪혔습니다. 업무 배분, 성과 평가, 보상 기준이 불명확하다는 지적이 많아졌고, 이에 따라 직무 명확화, 평가 시스템 정비, 체계적인 인사관리가 필요하다는 내부 공감대가 형성됐습니다.

D. 도전과제

평가제도를 도입한다고 해서 조직문화가 자연스럽게 바뀌는 것은 아니었습니다. 특히 50대 이상 고참 직원과 젊은 직원 간의 인식 차이가 커서, 수평적이고 효율적인 문화로의 전환이 쉽지 않았습니다. 또한 연장근로가 잦고, 실질적인 워라밸 개선이 이루어지지 않는 현실은 구성원 만족도 개선의 가장 큰 장애 요인이기도 했습니다.

E. 해결 전략

회사는 정부의 일터혁신 컨설팅과 정부 지원 사업을 통해 점진적인 체계 구축을 시작했습니다. 직무기술서를 정비하고, 부서별 핵심성과지표 설정 및 분기별 성과 점검을 정례화했습니다. 또, 평가의 실질적 연계성을 높이기 위해 성과 기반 보상 체계를 강화했고, 향후 개인 단위 평가로의 전환도 준비 중입니다. 안전보건과 관련해서는 국소 배기장치 설치와 같은 설비 개선도 병행하며, 안전 문화를 강조한 조직문화 개선도 추진 중입니다.

F. 성과

비록 제도 정착은 점진적으로 이루어졌지만, 부서 단위 성과 공유와 목표관리 문화가 자리 잡기 시작했습니다. 불량률이 낮아지고, 생산성이 개선되면서 매출 대비 수익성도 점차 좋아지고 있습니다. 무엇보다 직원 간의 의사소통이 조금씩 활발해지고, 젊은 직원들의 조직에 대한 몰입도도 높아졌습니다. 또한 R&D와 기술개발에 집중하면서 사업 포트폴리오를 다각화하는 기반이 마련되었습니다.

G. 시사점

조직문화와 시스템은 하루아침에 바뀌지 않습니다. 하지만 지속적인 전략과 실행 의지가 있다면 변화는 분명히 가능하다는 것을 이 기업은 보여주고 있습니다. 이 기업은 정부 지원을 적극 활용하고 외부 전문가의 도움을 받으며, 제도를 실제 '움직이는 문화'로 바꾸기 위해 꾸준히 노력해 왔습니다. 정책 활용을 보조수단으로 활용하여 점진적 혁신을 달성 중인 사례를 보여주고 있습니다.

사례 4) 정책 활용도 전략이다 – '4인 전담팀'

"정부 지원은 기다리는 게 아니라 찾아내는 겁니다."

지방에 위치한 한 중소 제조업체는 최근 몇 년 사이 내부 분위기와 재무구조가 눈에 띄게 개선되었습니다. 그 이유를 묻자, 대표는 이렇게 답했습니다. "지원사업을 잘 활용한 게 제일 컸죠. 그게 단순히 돈을 받는 일이 아니라, 회사 체질을 바꾸는 계기가 됐어요."

이 기업은 전체 인원이 60명 전후에 불과하지만, 그중 정부의 중소기업 정책, 인력 지원, 환경 개선 사업 등을 전담해 탐색하고 기획하는 인력이 4명이나 됩니다. 이들이 전담하는 것은 단순히 지원 사업을 '신청'하는 것이 아닙니다. 그보다 먼저 회사의 방향성과 맞는 정책을 찾고, 그 정책을 어떻게 활용하면 조직의 변화와 연결시킬 수 있는지를 고민하고 기획하는 것입니다.

예를 들어, 직원들의 복지를 개선하고 싶을 때는 고용노동부의 일생활균형제도나 중소벤처기업부의 스마트워크 환경 개선 지원사업을 적극적으로 살폈고, 청년 인재를 채용할 때는 청년내일채움공제, 청년일경험 지원사업 같은 정책을 연계했습니다. 현장의 낙후된 설비를 교체할 때는 탄소중립 설비 지원을, 내부 교육 체계를 개선할 때는 직업훈련 컨설팅, 일터혁신 컨설팅 등 정책들을 엮어 하나의 조직 혁신 프로젝트로 승화시켰습니다. 이렇게 다방면의 정책을 선제적으로 연결·기획·활용하면서 회사는 지원금으로 인건비와 설비비, 교육비 등을 줄일 수 있었고, 덕분에 경영 리스크는 줄고 조직문화는 좋아지는 선순환이 만들어졌습니다.

정부의 지원금을 몇 번 받아보면서, 이 기업은 사업계획서와 활용보고서 작성, 예산운영 및 사후관리 등에도 전문성을 쌓기 시작했습니다. 이후 신규 사업 신청에서도 높은 평가를 받아 예산을 안정적으로 확보하게 되었고, 이로 인해 더 적극적인 개선 프로젝트를 기획할 수 있는 선순환이 자리 잡혔습니다.

이 회사는 이제, 정부 정책에 수동적으로 참여하는 것이 아니라, 정책을 전략적 성장 수단으로 활용하고 있습니다.

A. 산업

지방 제조업체로 소규모 공정과 협업 중심의 작업이 많은 곳입니다. 공정 효율, 인력 안정성, 작업환경 개선이 기업 지속성에 중요한 영향을 미치는 업종입니다.

B. 기업 규모

직원 수는 100인 미만이며, 생산직과 관리직이 구분되어 있습니다. 그중 4명은 전략 기획과 정책 연계를 담당하는 인력으로, 각 부서와 연계해 외부 지원을 조직 운영에 녹여내는 역할을 합니다.

C. 배경

기업은 기술력에 비해 자본력이 크지 않아, 새로운 설비 도입이나 조직문화 개선 등에서 늘 비용 부담을 안고 있었습니다. 또한 구직난과 고용 불안정 속에서 내부 조직의 안정과 이미지 개선도 중요한 과제였습니다. 대표는 외부 자원을 전략적으로 활용하는 것이 해답이라 판단했고, 이를 위한 인적 자원을 충분히 배치했습니다.

D. 도전과제

문제는 '정보의 부족'이 아니라, 정보를 해석하고 활용하는 역량의 부족이었습니다. 여러 정부 부처에서 다양한 지원 사업이 운영되고 있었지만, 이를 구체적으로 분석하고, 기업 상황에 맞게 기획하고, 성공적으로 실행하려면 그만큼의 인력이 필요했습니다.

E. 해결 전략

기업은 정책 검색과 활용을 포함한 4인 전담팀을 구성했습니다. 이들은 정부 부처와 지자체, 유관 기관이 운영하는 각종 지원 사업을 실시간으로 파악하고, 회사의 당면 과제와 연결해 맞춤형 사업기획서를 작성했습니다. 한 사업이 끝나면 지원 성과를 포트폴리오화하고, 이를 활용해 다른 사업에도 효과적으로 연결하는 방식으로 역량을 쌓았습니다. 기획, 실행, 사후관리까지 전 주기를 내부에서 처리할 수 있도록 체계를 정비한 것이 큰 강점이 되었습니다.

F. 성과

이 회사는 일자리 창출, 인력 교육, 근무 환경 개선, 설비 고도화 등 다양한 영역에서 수억 원의 정부 지원을 받아냈고, 그 과정에서 내부 체질도 동시에 개선되었습니다. 정부와의 협업 이력이 쌓이며 기업 신뢰도도 상승했고, 젊은 구직자들의 관심도 더 높아졌습니다. 무엇보다 회사 내부에서도 "지원 사업은 단순 보조가 아니라 전략적 도구"라는 인식이 퍼졌습니다. 크지 않은 회사에서 네 명이나 되는 인원을 투입하는 데 반대하던 임원들도 그 효과를 깨달았습니다.

G. 시사점

이 사례는 정부의 중소기업 정책이 어떻게 전략이 될 수 있는지를 보여주는 좋은 예입니다. 많은 기업이 중소기업에 대한 지원이 부족하다고 말합니다. 운영되는 지원 사업도 복잡하고 어렵다며 참여할 시도조차 하지 않기도 합니다. 하지만 사례의 기업처럼 적절한 인적 자원을 배치하여 활용한다면, 정부 지원 사업을 기업 자체의 경쟁력이 되는 자산으로 전환할 수 있습니다. 단순히 '지원금을 받는 것'이 아니라, 그것을 통해 조직문화를 바꾸고 미래에 더 많은 기회를 끌어오는 선순환을 만드는 것입니다. 이 회사는 그런 구조를 만들어 낸 모범적인 사례입니다. 향후 더 많은 중소기업이 이 흐름을 참고하여 경영혁신을 시도하길 기대해 봅니다.

정부의 지원 사업에 참여하는 것은 분명 손이 많이 가는 일입니다. 하지만 동시에 중소기업이 전략적으로 활용할 수 있는 '성장의 발판'이기도 합니다. 많은 중소기업들이 인력 부족, 자금난, 기술개발의 어려움 등으로 하루하루를 버텨가고 있습니다. 정부는 이런 현실을 개선하기 위해 다양한 지원정책과 제도를 마련하고 있습니다. 일자리 창출, 고용 안정, 기술개발, 인프라 확충, 조직문화 개선 등 다양한 분야에서 중소기업을 지원하고자 제도를 만들고, 예산을 배정하고, 운영기관을 통해 실행하고 있습니다.

현장에서는 이런 제도가 있는지도 모르고 지나치거나, 신청 절차가 복잡해서 포기하거나, 참여하면서도 제대로 활용하지 못하고 끝나는 경우가 많습니다. 그래서 "정책은 있어도 우리와는 먼 얘기"라고 느끼는 사업장도 많습니다.

하지만 본 장에서는 정부 정책을 정확히 이해하고 적극적으로 연결해 사용한 몇몇 기업들의 사례를 살펴봤습니다. 이들은 복잡해 보이는 정책을 기업의 상황에 맞게 잘 활용했고, 인력난을 해소하거나 기술 개발의 동력을 확보했으며, 조직문화 개선에도 성공했습니다. 이런 변화는 곧 기업의 성장으로 이어졌습니다.

정부 정책은 그 자체로 완성된 해답이 아닙니다. 하지만 적절하게 연결하고 능동적으로 활용할 때, 기업에게는 매우 강력한 성장 자원이 될 수 있습니다. 무엇보다 중요한 것은, "정부 정책에 참여하는 귀찮고 번거롭다"는 인식을 넘어, "우리 회사 상황에서 가장 잘 맞는 자원을 어떻게 찾아 쓸 수 있을까"를 고민하는 자세입니다.

내가 정부 정책 참여가 까다롭고 어렵다고 손을 놓고 있는 동안, 다른 기업들은 적극적으로 정책사업을 활용하고 있습니다. 물론 복잡한 행정 절차의 간소화를 요청하는 것도 필요하지만, 동시에 나 스스로도 정부 정책에 대한 지식과 이해도를 높이고 활용 역량을 키울 필요가 있습니다. 바로 이번 장에서 살펴본 기업들처럼 말입니다.

Ⅶ.
워라밸, 직원의 삶도 존중한다는 약속

"퇴근하고도 회사 생각이 머릿속을 떠나질 않아요."

"주말에도 전화 올까 봐 마음을 놓을 수가 없어요."

일과 삶의 경계가 무너진 시대입니다. 회사에서의 피로가 집으로 따라오고, 가족과의 저녁 식사 시간에도 알림 소리가 울리곤 합니다. 상사는 그저 자기가 잊지 않기 위해서 카톡을 보낸 거라고 합니다. 주말에는 확인하지 말고, 출근하면 확인해도 된다고 합니다. 하지만 카톡을 받은 직원의 입장에서는 주말 내내 신경이 쓰입니다. 편히 쉬어야 할 시간에 회사의 일로 스트레스를 받게 되는 것입니다. 이런 일상이 반복되면, 직원들은 소진되어 갑니다. 몸도 마음도 지친 직원은 업무 몰입도, 창의성, 책임감 제대로 발휘하기 어렵습니다.

이런 식으로 직원을 소진시키지 않는 회사는 과연 어떤 곳일까요? 직원의 삶과 쉴 권리를 존중해 주는 조직은 어떤 모습일까요? 이 장에서는 바로 그런 기업들의 이야기를 담았습니다.

- 누군가는 직원의 법적 권리가 '당연한 권리'가 될 수 있도록 했고,
- 누군가는 직원의 자녀가 아플 때 맘 편히 휴가를 쓸 수 있는 문화를 마련했고,
- 누군가는 직원들이 삶의 리듬을 회복할 수 있도록 제도를 고민했습니다.

이런 노력은 단순한 '복지 정책'이 아닙니다. 그보다 훨씬 깊고 단단한 '신뢰의 경영'입니다. 직원이 마음 편히 일하고, 휴식하고, 다시 돌아올 수 있는 회사를 만든 기업들의 이야기입니다. 그곳에서 사람들은 "이 회사는 나를 진짜 사람으로 존중한다"고 느꼈고, 그 믿음은 결국 더 큰 몰입과 성과로 되돌아왔습니다. 이 장이 소개하는 사례들은 말합니다. "워라밸은 그냥 좋은 게 아니라, 진짜로 회사를 살립니다."

사례 1) 작은 실천, 큰 신뢰 – 시간제 직원도 누릴 수 있는 휴가

"어떻게 보면 그냥 당연한 걸 지켜주신 거긴 해요. 근데 저는 그게 너무 고마웠어요."

이 사례는 직원 수 10인 미만의 작은 요식업체에서 일어난 이야기입니다. "알바에게 무슨 휴가냐"는 말을 아무렇지 않게 하는 사장이 흔한 현실에서, 당연한 권리를 지켜준 사장님이 직원을 감동시킨 사례입니다.

이 가게에서 일한 직원은 어린 시절부터 다양한 시간제 근무를 전전해 온 사람이었습니다. 그 과정에서 수많은 부당한 경험을 겪었습니다. 임금을 떼이거나, 약속했던 근무 조건이 지켜지지 않거나, 휴식 없이 장시간 일하는 건 예삿일이었습니다. 때문에 "사장이 제대로 된 사람"이라는 믿음을 갖기까지는 긴 시간이 걸렸습니다. 하지만 이번 가게는 달랐습니다. 사장은 처음 채용할 때부터 주당 근무 시간이 15시간을 넘는 경우 발생하는 유급 휴가 일수를 정확히 알려주었습니다. 심지어 "몇 월까지는 연차가 ○일 정도 쌓이니까, 언제쯤 쓸지 생각해 보라"며 먼저 권유까지 해주었습니다. 직원 입장에서는 처음 들어보는 말이었고, 그런 권리를 알려주는 사장이 있다는 것이 놀라웠다고 합니다.

일을 하는 사람이라면 누구나 자기 삶을 돌보고, 휴식을 취할 수 있어야 합니다. 그 당연한 상식을 실천한 작은 요식업 가게는 한 사람의 신뢰를 얻었습니다. 또한 그가 더 성실한 태도로 업무에 임하게 만드는 선순환을 만들었습니다.

A. 산업

해당 사업장은 10인 미만의 직업을 보유한 요식업체로, 사장을 제외하고는 짧은 시간 단위로 일하는 시간제 근무 인력이 대부분이었습니다.

B. 기업 규모

직원 수는 사장을 포함해 4-5명 정도로, 사장을 제외한 직원은 대부분이 시간제로 주당 15시간 이상 일하고 있었습니다. 각자 정해진 근무 시간에 맞춰 유연하게 교대하며 매장을 운영했습니다.

C. 배경

사장은 과거 시간제 직원으로 일해본 경험이 있었고, 그때 겪은 불합리한 대우에 대한 문제의식을 늘 갖고 있었습니다. 그래서 "작은 사업장일수록 더 기본을 지켜야 한다"는 소신을 실천하려 했습니다. 특히, 시간제 직원도 근로기준법상 일정 조건을 충족하면 유급 휴가를 받을 수 있다는 점을 꼭 알려주었습니다.

D. 도전과제

요식업계 전반에는 '시간제 직원에게 유급 휴가는 없다'는 인식이 강하게 자리 잡고 있습니다. 법적으로는 15시간 이상 근무하는 모든 직원에게 휴가를 누릴 권한이 있는데도 말입니다. 해당 업체에서 휴가를 주는 것은 다른 가게들과 비교될 위험도 있었고, 단기간 근무자에게 비용이 든다는 점에서 주저할 수도 있는 일이었습니다.

E. 해결 전략

사장은 주 15시간 이상 근무하는 직원들의 근무 시간과 근로계약서를 꼼꼼히 정리해 두고, 연차 유급휴가가 발생하는 시점을 미리 계산해서 알려주었습니다. 미리 연차 사용 계획을 생각해 보라는 권유를 직접 했고, 직원이 미처 몰랐던 권리를 자연스럽게 알려주었습니다.

F. 성과

사장이 한 것은 마땅히 법적으로 지켜야 하는 일이긴 했습니다. 하지만 지키지 않는 곳이 흔한 상황에, 그의 작은 실천이 직원에게는 큰 고마움으로 다가왔습니다. 사장을 더욱 신뢰하게 된 직원은 이전보다 훨씬 더 책임감을 가지고 일했으며, 가게의 분위기도 "직원은 존중받는다"는 긍정적인 정서로 유지될 수 있었습니다. 직원 간에도 "우리 사장님은 사람을 사람으로 대해 준다"는 말이 자연스럽게 오갔습니다.

G. 시사점

이 사례는 '작은 실천이 큰 신뢰를 만든다'는 점을 보여줍니다. 특별한 복지제도를 마련하지 않아도, 이미 있는 법과 제도를 정확히 지키는 것만으로도 직원에게는 강력한 메시지가 됩니다. 특히 시간제 근무도 '일시적인 일'이 아닌 '노동'으로 존중하는 태도는 조직 규모와 상관없이 모든 일터가 가져야 할 기본입니다. 이 작은 가게는 '사람을 존중하는 조직'이 복잡한 시스템이 아니라 태도에서 시작된다는 것을 조용히 증명해 주고 있습니다.

사례 2) 아이 잘 챙기세요 – 당당한 육아, 성실한 업무

"회사 걱정 말고 아이 잘 챙기세요."

지방의 50인 미만 사업장에 속한 직원에게 사장이 한 말입니다. 그 직원은 자신이 다니는 회사에 대해 이렇게 얘기했습니다. "우리 회사는 육아휴직 쓰는 거나 아이 때문에 휴가 써도 눈치를 안 줘요. 사장님이 항상 '회사 걱정 말고 아이 잘 챙기라'고 해주세요."

육아휴직을 쓰는 직원에게 눈치를 주지 않는 중소기업은 흔치 않습니다. 전체적인 인원 자체가 적은 중소기업 특성상 직원 하나가 빠질 때마다 심적으로 불편하게 만드는 일이 워낙 흔하기 때문입니다.

하지만 사례 속의 회사에서는 그 말이 당연하게 통했습니다. 그래도 회사는 잘 굴러가고, 심지어 성장하고 있었습니다. 휴직이 있어도 공백은 거의 없고, 직원들 간의 신뢰는 깊었습니다. 사장이 먼저 "아이 잘 챙기라"고 말하니, 직원들은 마음 편히 휴가와 휴직을 썼고, 회사에서 일할 때에는 더 열심히 몰입하게 됐다고 말합니다.

사장은 육아휴직을 자유롭게 쓸 수 있는 가정 친화적 기업을 지향했고, 이를 위해서는 '지속 가능한 인력 운용'이 중요하다고 판단했습니다. 단기 대체인력만으로는 대응에 한계가 있고, 자칫 좋은 인재를 잃을 수 있다는 위기감도 있었습니다. 그래서 사장은 큰 원칙을 하나 세웠습니다. 바로, '직원이 회사를 버티는 게 아니라, 회사가 직원을 버텨 줘야 한다'는 것입니다.

이를 위해 육아휴직을 조직의 공식 문화로 자리 잡게 만들고, 대신 남은 인력에게 과도한 부담이 가지 않도록 미리부터 예비 인력 확보와 성과 기반 보상 체계를 동시에 구축했습니다. 직원 몇 명이 휴직하더라도 회사가 큰 문제 없이 굴러가고, 직원들이 복귀하면 금방 제자리를 찾을 수 있도록 설계한 것입니다. 마음 편하게 휴가와 휴직을 쓴 직원들은 "우리 회사 절대 망하면 안 된다"며 높은 업무 집중도를 보였습니다. 가정을 챙기는 데 대한 심적 부담이 덜해지면서, 오히려 근무 시간에는 그만큼 더 업무에 집중할 수 있었던 것입니다. 이런 직원들이 있기에 회사도 함께 성장하고 있습니다.

A. 산업

산업 분류상 서비스업에 해당하는 기업입니다. 기업 규모가 크지 않아 인력 공백이 조직 전체에 미치는 영향이 클 수 있었습니다.

B. 기업 규모

직원 수는 50인 미만이며, 여성 직원 비중이 높습니다. 정규직 장기 근속자가 많고, 출산·육아 경험자도 다수입니다.

C. 배경

과거에는 육아휴직 발생 시, 그에 맞춰 계약직 인력을 충원하는 형태였습니다. 그때마다 신규 인력 채용기관과 적응 기간 동안 기존 인력에게 업무 부담이 과중되곤 했습니다. 이로 인해 휴직 자체를 꺼리는 분위기가 형성되기도 했습니다. 사장은 '지금의 상황은 곧 조직의 미래를 갉아먹을 것'이라는 판단 아래, 선제적으로 대응하기로 결정했습니다.

D. 도전과제

기존처럼 '누가 쉬면 누군가가 더 일해야 하는 구조'는 지속 가능하지 않았습니다. 공정하고 효율적인 인력 운영 시스템이 필요했고, 특히 소규모 사업장에서 과도한 고정인건비 없이 유연한 대응 체계를 설계하는 것은 쉽지 않은 과제였습니다.

E. 해결 전략

회사는 다음과 같은 다층적 전략을 도입했습니다.

- 코어타임제 도입: 전 직원의 근무 시간을 10시-16시로 설정하고, 그 외 시간은 유연하게 활용 가능하게 함으로써, 돌봄과 업무가 겹치지 않도록 배려했습니다.
- 예비 인력 확보: '휴직자가 생길 때마다 급히 신규 인력을 충원하는 방식'은 한계가 있다고 판단하고, 회사가 감당할 수 있는 범위 내에서 충분한 예비 인력을 미리 확보했습니다. 이런 인력 전략은 독일이나 북유럽과 같은 제도적 선진국에서 흔히 볼 수 있습니다.
- 성과 기반 보상 체계 운영: 단순히 인력만 늘린 것이 아니라 각 직원의 성과를 공정하고 체계적으로 관리할 수 있는 관리 시스템도 함께 도입했습니다. 부서원들이 맡은 업무별로 성과에 따른 합리적인 보상 체계를 운영하며 열심히 일하는 직원은 그만큼 인정받을 수 있도록 설계했습니다. 단순 시간 투입이 아니라, 성과 중심의 평가를 도입하여 단시간 근무해도 생산성 높게 일했으면 인정받고 보상받을 수 있도록 한 것입니다.

F. 성과

결과적으로 육아휴직이 당연한 제도로 자리 잡았고, 직원들은 출산과 육아로 인한 커리어 단절 없이 안정적인 경력 관리를 할 수 있게 되었습니다. 여직원뿐만 아니라 남직원도 마찬가지였습니다. 사내에는 '우리는 누구나 쉬었다 돌아올 수 있다'는 신뢰가 자리 잡았고, 동시에 '쉴 땐 쉬고, 일할 땐 확실하게 집중하자'는 건강한 몰입 문화도 형성되었습니다.

G. 시사점

이 사례는 '작은 회사여서 못 한다'는 편견을 깨는 전형적인 사례입니다. 육아휴직 제도가 단지 법으로 보장된 것을 넘어, 실제 조직문화 속에 녹아드는 방식으로 운영되었을 때 어떤 변화를 만들어 내는지를 잘 보여줍니다.

특히 리더가 선제적으로 추가 인력을 확보하고, 공정한 보상 체계를 병행한 것은 '배려는 성과와 충돌하지 않는다'는 사실을 증명합니다. '당연한 것을 지키는 회사'는 구성원으로부터 당연한 신뢰를 받게 됩니다.

사례 3) 고민하는 대표님 – 직원 워라밸 지킴이

"일찍 퇴근해도 항상 밤에 또 노트북을 켜야 했어요."

이번 사례는 IT업계의 50인 미만 기업이 겪은 일입니다. 앞에서 살펴본 다른 기업과는 달리, 이번 기업은 아직 제대로 된 문제 해결을 경험하진 못했습니다. 하지만 직원의 워라밸을 지켜주기 위해 노력하는 대표의 모습이 인상 깊었고, 그런 태도가 충분히 참고할 만한 사례라고 보았습니다.

IT 업계에서 근무한 경험이 있는 사람이라면 공감할 것입니다. 근로 시간 단축이 법으로 정해졌다고 해도, 실제 업무량은 줄지 않고, 마감은 늘 정해져 있고, 협업은 시간보다 리듬을 맞춰야 하기 때문에 IT 업계는 주 52시간을 지키는 것 자체가 '과제'입니다. 이런 상황에서 한 IT 벤처기업의 대표는 고심 끝에 유연근무제를 도입하기로 결정했습니다. 출퇴근 시간을 고정하지 않고, 직원이 원하는 시간에 일을 시작하고, 퇴근 후에도 상황에 따라 다시 업무에 복귀할 수 있도록 허용한 제도입니다. 중요한 건, 성과였습니다. 대신 마감 일정과 업무 목표를 명확히 설정하고, 그 기준으로만 평가했습니다.

처음엔 환영하는 분위기였습니다. 오전에 아이를 병원에 데려갔다가 점심 이후 출근해도 문제가 되지 않았고, 조용한 밤 시간을 이용해 집중하는 사람도 있었습니다. 그런데 예상치 못한 일이 일어났습니다. 직원들의 개인 시간이 존중받지 못한 것입니다. 어느 직원은 이렇게 말했습니다. "퇴근했는데도 팀 채팅방이 계속 울려요. 밤 10시에 다시 노트북을 열고 일할 때도 많아요. 몸은 집에 있어도, 머릿속은 회사에 계속 묶여 있어야 하는 거예요."

직원들이 '삶'의 균형을 잡을 수 있도록 도우려던 시도가 오히려 일과 삶의 경계를 모호하게 만들어 그들을 지치게 만든 것입니다.

대표는 이를 인정했고, 즉시 방향을 조정했습니다. 그는 유연함이 오히려 독이 될 수도 있다는 걸 배웠다며, 이제는 '유연함 안의 규칙'을 다시 설계 중이라고 했습니다. 아직은 새로 도입하는 제도에 따른 성과를 확인하진 못했으나, 계속 직원의 입장에서 생각하고자 하는 대표의 노력이 긍정적인 업무 환경 조성에 기여할 것으로 생각됩니다.

A. 산업

IT 소프트웨어 개발 및 서비스업에 해당하며, 프로젝트 기반 업무와 긴밀한 협업이 필수인 업종입니다. 시간보다 결과가 중요한 문화가 일반화되어 있습니다.

B. 기업 규모

직원 수는 약 50인 미만으로 분류되며, 개발, 기획, 디자인, 마케팅 등 직무가 세분화되어 있고, 원격 및 재택근무도 병행됩니다.

C. 배경

주 52시간제 도입 이후에도 업무량은 줄지 않고, 직원들의 피로감은 오히려 증가했습니다. 이를 개선하고자 대표는 '근무 시간 통제가 아니라 성과 중심 관리'로 전환하고자 했고, 그 해법으로 유연근무제를 선택했습니다.

D. 도전과제

유연근무제는 시행 초기 긍정적인 반응을 얻었지만, 업무와 휴식의 경계가 무너지는 현상이 나타났습니다. 일부 직원은 업무 몰입도가 높아졌지만, 또 일부는 '계속 일하는 기분'에 시달리며 정서적 피로를 호소했습니다.

E. 해결 전략

회사는 유연근무제의 한계를 인식하고 '유연함 안의 기준'을 마련했습니다. 먼저 코어타임(예: 13시-16시)을 새로 설정해 실시간 협업이 필요한 시간대를 명확히 했습니다. 팀 단위로 '근무 가능 시간대'를 공유해 과도한 야간 연락을 제한하기도 했습니다. 관리 직급을 대상으로 유연근무제의 취지를 제대로 이해하고 실천하도록 하는 교육을 제공하여, 직원들의 개인 생활시간을 존중하며 협업하는 방법을 찾도록 했습니다.

업무의 시작과 끝을 인지할 수 있도록 업무 로그 시스템을 보완했습니다. 일정한 '업무 해제 시간'을 각자 설정하도록 권장하기도 했습니다.

성과 관리는 프로그램 기반으로 성과를 평가하고, 이를 시스템상에서 명확하게 확인할 수 있도록 문서화했습니다. 또한 업무 마감 3-5일 전에 중간 점검 미팅을 하여 진행 상황을 점검하고, 무리인 일정을 조정하는 제도를 도입했습니다.

육아나 간병, 학교 수업 등의 개인 일정이 있는 직원에게는 근무 시간 자체를 1:1 맞춤형으로 설계하는 방식도 제한적으로 도입했습니다. 또한 주간에 집중을 잘하는 팀과 야간 집중을 잘하는 팀을 분리하여, 서로 같은 시간대에 잘 집중하는 직원들끼리 한 팀이 되어 협업할 수 있도록 했습니다.

일주일에 하루 정도는 팀 채팅방에서 불필요한 업무 관련 채팅을 제한하는 날을 도입하여 직원들에게 정서적으로 휴식을 주기도 했습니다.

이런 방식으로 유연성과 균형을 다시 맞추는 방향으로 제도를 개선해 나가고 있습니다.

F. 성과

'무조건 자유롭게'보다는 '자율성과 책임을 균형 있게' 운영하자는 방향이 직원들에게 신뢰를 얻기 시작했습니다. 이후 신입 직원의 정착률도 높아졌고, 팀 간 협업 리듬도 안정되었습니다. 유연근무제가 자칫 '24시간 대기'로 전락할 수 있다는 위기를 초기에 진단하고 조율한 점이 조직 안정에 기여하고 있습니다.

G. 시사점

이 사례는 유연근무제가 무조건 좋은 제도는 아니라는 사실을 일깨워 줍니다. 유연함은 자율성과 함께 '경계의 존중'을 필요로 합니다. 리더가 이를 얼마나 예민하게 인식하고, 피드백에 따라 설계를 조정하느냐가 제도의 성공 여부를 가릅니다.

또한, 중소 IT 기업도 단순히 기술 혁신뿐 아니라 일하는 방식의 혁신에서도 민감한 감각과 리더십이 필요하다는 교훈을 줍니다. 유연 근무는 단지 시간을 허용하는 것이 아니라, 그 시간 속에서 '사람이 일답게 일하고, 쉴 때는 제대로 쉴 수 있도록' 보장하는 전체 설계의 문제입니다.

위의 사례처럼 '유연하게 일하되, 경계는 선명하게', '성과 중심이지만, 삶도 존중', 이 두 가지 철학을 바탕으로 조직이 제도를 도입하고, 그 제도를 둘러싼 문화와 리더십까지도 함께 조율해 갈 필요가 있습니다.

사례 4) 복지를 넘어 전략 – 주 4일제

"주 4일제는 직원 복지가 아니라 생산성 향상의 도구입니다."

2024년부터 경기도 50개 기업을 중심으로 주 4일제가 시범 운영되고 있으며, 일부 기업이 긍정적인 결과를 보이고 있습니다.[3] 하지만 신규 시범운영 사업에 참여하여 주변의 관심도가 높은 상황인 만큼, 호손효과(Hawthorne effect)일 가능성을 배제하기 어렵습니다.[4]

좀 더 안정적이고 신뢰할 수 있는 결과를 보려면, 더 오래전부터 주 4일제를 하며 효과를 본 기업의 사례를 살펴봐야 할 것입니다. 안타깝게도 제 주요 자료 수집 대상인 300인 미만 기업에서는 해당하는 사례를 찾기 어려웠습니다. 따라서 현재 300인을 약간 넘는 규모의 휴넷의 사례를 대신 정리해 봤습니다.[5] 휴넷이 처음 주 4일제를 시작할 때는 300인 미만의 기

---

3) 헤럴드경제(2025. 7. 22.). "주 4일제, 번아웃 감소·직무만족 개선"…힘 받는 李정부 시범사업. 출처: https://biz.heraldcorp.com/article/10536646?ref=naver (검색일: 2025. 7. 29.)

4) 관찰받고 있다는 사실을 인지하기 때문에 그 대상자에게서 나타나는 변화

5) 노컷뉴스(2023.7.27.). '이게 실화냐?'…임금 삭감없이 주4일제 하는 중소기업. 출처: https://www.nocutnews.co.kr/news/5984287 (검색일: 2025. 7. 29.)

업이었기 때문입니다.

휴넷은 기업 교육 전문회사로, 2022년 7월부터 전 직원을 대상으로 주 4일 근무제를 전면 시행했고, 안정적으로 운영해 왔습니다. 휴넷의 근무제는 월요일부터 목요일까지 근무하고, 금요일부터 일요일까지 사흘을 쉬는 방식입니다. 고객 응대가 필요한 일부 부서는 요일을 분산해 번갈아 쉬지만, 전체 직원의 90%가 금-일 연속 휴무를 누리고 있습니다.

중요한 점은 근무 일수는 줄었지만 급여나 연차 휴가 등 기존 근무 여건은 전혀 변함이 없다는 것입니다. 임금 삭감도, 꼼수 같은 연차 강제 소진도 없었습니다. 하지만 매출이 높아지고, 직원의 높은 만족도가 확인되었으며, 채용 경쟁률도 전년도 상반기에 비해 3배나 높아지고, 퇴사율은 낮아지는 효과를 봤습니다.

A. 산업

휴넷은 직무 교육, 온라인 학습 콘텐츠 개발, 교육 프로그램 운영 등을 주요 사업으로 하는 지식 기반 IT 서비스 기업입니다. 고정된 물리적 노동보다는 아이디어와 정보 기반의 지식 생산성이 핵심인 산업입니다.

B. 기업 규모

처음 시작할 때는 300인 미만이었고, 지금은 300인을 조금 넘는 기업이 되었습니다. 기획, 마케팅, 기술 개발, 고객 관리 등 다양한 직군이 포함되어 있습니다. 고객 대응 부서는 요일별로 교대 근무를 조정하고 있으나, 대다수 부서는 동일하게 금-일 사흘 연속 휴무를 유지하고 있습니다.

C. 배경

휴넷은 '일하는 시간'보다 '일의 질'에 집중해야 지속 가능한 성장을 이룰 수 있다고 판단했습니다. 또한, 좋은 인재를 유지하고 끌어오려면 삶의 질을 높여줄 수 있는 조직문화가 필수라는 인식을 갖고 있었습니다. 이를 바탕으로 대표는 '주 4일제'를 새로운 실험으로 결단했고, 실무진은 이를 구체화하는 방식으로 추진했습니다.

D. 도전과제

근로 시간을 하루 줄이면서 기존 임금과 성과는 그대로 유지하는 것은 일반적인 기업 환경에서는 쉽지 않은 도전이었습니다. 제도 시행 이전보다 업무 효율을 높이는 것이 가장 큰 과제였습니다. 자칫 공식적인 업무시간만 줄였을 뿐, 추가 근무와 야근이 계속 발생할 위험도 있었습니다.

E. 해결 전략

휴넷은 '시간 단축'만이 아닌 '업무 혁신'을 병행했습니다.

- 업무 구조조정: 매주 정기 회의를 줄이거나 없애고, 회의 시간은 30분 이내로 줄였습니다. 회의 준비도 더 정교하게 진행하면서 업무 몰입도를 높였습니다.
- RPA(로봇 프로세스 자동화) 도입: 반복적 행정 업무를 RPA로 대체해, 수작업으로 3일 걸리던 업무를 단 2시간 만에 끝낼 수 있도록 했습니다.
- 업무 속도 중심 조직문화 구축: 금요일에 쉬기 위해 월-목 내에 업무를 '타이트하게' 처리하는 문화가 자리 잡기 시작했고, 야근도 평균 주 12시간 내외로 억제되었습니다.

즉, 근무 시간을 줄이면서 불필요한 업무도 줄이고, 반대로 업무 집중도와 생산성을 높일 수 있는 환경과 문화를 조성한 것입니다. 근무 시간을 감축하면서도 급여 수준을 유지하려면 당연히 시간당 생산성은 올라가야 합니다. 휴넷은 이 점을 충분히 인지하고 제도적 변화를 추진한 것으로 보입니다.

F. 성과

주 4일제를 시행한 지 1년째에 진단한 결과는 매우 긍정적이었습니다.

- 직원 만족도: 직원의 93.5%가 만족, 94.1%는 삶의 질 향상을 체감했습니다.
- 워라밸 개선: 맞벌이 직원들은 금요일부터 주말까지 아이와 함께할 시간이 생겼고, 가족 전체의 삶의 질이 높아졌습니다.
- 채용 경쟁력 상승: 채용 경쟁률이 기존보다 3배 상승, 반대로 퇴사율은 낮아졌습니다.
- 기업 실적 향상: 전체적인 생산성 향상으로 인해 2023년 상반기 매출은 전년 대비 약 20% 증가했습니다. 직원들 스스로 업무 효율을 높일 수 있는 아이디어를 찾으면서, 주 4일제가 회사 전반에 긍정적인 효과를 가져다준 것입니다.

G. 시사점

휴넷의 사례는 중소기업도 '제도 실험'의 선두 주자가 될 수 있음을 보여줍니다. 물론 모든 업종에 동일하게 적용할 수는 없습니다. 지식 기반 서비스업이라는 업종의 특성, 자동화 도입 가능성, 대표의 과감한 리더십 등이 복합적으로 작용했기 때문입니다.

하지만 휴넷의 사례는 "주4일제가 복지가 아니라 생산성 전략임"을 보여줍니다. 임금과 업무 효율의 균형을 잃지 않고도 조직문화, 직원 만족도, 기업 경쟁력을 함께 끌어올릴 수 있음을 휴넷은 몸소 입증했습니다.

작년부터 시작된 경기도의 시범운영에 이어, 정부 부처도 현재 주 4일제 도입을 준비하는 기업을 대상으로 인건비 보전, 제도 설계 컨설팅, 유연근무 체계 구축 지원 등을 준비 중입니다. 휴넷의 실험은 그러한 변화 흐름 속에서 중소기업의 새로운 가능성을 보여주는 선도적 사례로 의미가 깊습니다.

'주 4일제를 하면 회사가 망한다'는 말보다 '주 4일제를 하면 회사의 생산성이 높아진다'는 말이 현실이 될 수도 있습니다. 그 변화는 바로 이런 기업들에서 시작되고 있습니다.

일하는 삶에도 숨 쉴 틈이 필요합니다. 기계도 계속 돌리면 결국 망가지는데, 사람에게 휴식 없이 일하라고 할 순 없습니다. 그간 우리나라에서는 많은 직장인들이 일과 삶의 균형이 무너진 채 일해 왔습니다. 퇴근 후에도 꺼지지 않는 알림, 밤늦게 시작되는 회의, 주말에도 쉬지 못하는 긴장감. 이런 피로가 쌓이면, 결국 일도, 삶도 모두 흔들리게 됩니다.

특히 중소기업은 인력이 부족하고, 대체인력 없이 업무를 버텨야 하는 경우가 많아, 직원들이 더 자주, 더 깊게 소진되기 쉽습니다. 물론 모든 중소기업이 그런 건 아닙니다. 일터와 사람 사이에 숨 쉴 틈을 만들어주기 위해 작지만 소중한 변화를 시작한 기업들이 있습니다.

어떤 회사는 시간제 근무에게도 법정 유급 휴가를 챙겨주었습니다. 또 어떤 회사는 직원이 아이를 돌보느라 자리를 비워야 할 때, “회사는 걱정 말고 아이 잘 챙기라”며 안심시켰습니다. 어떤 회사는 유연근무제의 그림자를 직면하고, 그 안에 명확한 경계와 기준을 다시 세워가고 있었습니다. 어떤 회사는 과감히 주4일제로 전환하면서도 소득은 보전해 주었습니다. 이 사례들의 공통점은 ‘사람이 사람답게 일할 수 있도록 배려하는 회사’가 결국 더 강한 회사를 만든다는 것입니다.

물론, 중소기업이 워라밸을 실현하는 일은 결코 쉽지 않습니다. 공백을 메울 인력도 부족하고, 시스템도 정비되지 않은 경우가 많습니다. 그래서 정부가 나서고 있습니다. 그동안 ‘큰 회사만 하는 것’으로 여겨졌던 주 4일제를 이제는 중소기업도 도전할 수 있는 환경이 서서히 마련되고 있는 것입니다. 물론 아직은 예산이 크지 않고, 주 4일제에 대한 냉소적인 시각도 존재합니다.

하지만 우리는 달리 생각해 볼 필요가 있습니다. 워라밸은 단지 "좋은 회사"를 위한 조건이 아닙니다. 직원이 지치지 않고 오래 일할 수 있는 환경, 성과를 내기 위해 몰입할 수 있는 기반, 그리고 회사에 대한 신뢰와 헌신이 싹트는 공간이 됩니다. 직원의 '삶'과 '휴식'을 존중하는 회사는 그들과 더 오래 함께 갈 수 있습니다.

이제는 물어야 할 때입니다. 당신의 회사는 직원이 쉴 수 있게 해주고 있습니까? 그리고 그 쉼이 더 나은 일로 이어지도록 조직문화와 업무 환경을 설계하고 있습니까?

작은 변화가 큰 신뢰를 낳습니다. 중소기업의 워라밸 실험은 지금 막 시작되었고, 그 실험을 뒷받침할 제도와 정책도 차츰 자리를 잡아가고 있습니다. 이제 남은 건, 그 첫걸음을 용기 있게 내딛는 리더와 기업의 선택입니다.

VIII.
누구나 생산적인 직원이 될 수 있도록

한국 사람들은 보편적으로 똑똑합니다. 유태인과 더불어 전 세계에서 가장 뛰어난 두뇌를 가졌다는 말이 있을 정도입니다. 문해력, 수리력, 디지털 활용 능력 등 수많은 국제 비교 지표에서 한국의 청년층은 늘 최상위권입니다. 문제 해결 능력도 뛰어나고, 학습 의지도 강합니다. 사실상 '보통 사람'이 이미 매우 높은 수준의 기초 역량을 갖추고 있는 셈입니다.

그런데도 정작 일터로 넘어가면, 우리나라의 시간당 노동생산성은 OECD 국가 중 최하위에 머무르고 있습니다. 가장 수치가 높은 아일랜드나 노르웨이와 비교하면 1/3도 채 되지 않을 만큼 낮은 수준입니다.[6)]

문제는 한국인 개개인의 '능력'이 아니라, 그들의 능력을 활용하는 관리직과 경영직의 방식에 있습니다. 한국은 교육열이 높고, 학습 역량이 뛰어난 만큼 개인의 능력에 의존하는 문화가 강하게 형성되어 왔습니다. 하지만 조직이 '사람을 어떻게 활용할 것인가'에 대해 전략적으로 고민해 온 시간은 상대적으로 부족했습니다.

반면 유럽은 11세기 전후부터 도제제도를 운영하면서, 기초학습 능력이 낮거나 나이가 어린 사람들도 적절한 안내와 훈련을 통해 충분히 생산적인 인력으로 성장할 수 있는 체계를 만들어 왔습니다. 미국은 영어를 모국

---

6) OECD (2024). OECD Compendium of Productivity Indicators 2024. 출처: www.oecd-ilibrary.org/industry-and-services/oecd-compendium-of-productivity-indicators-2024_1abf046c-en (검색일: 2024. 7. 23.)

어로 쓰지 않거나 공식 교육을 충분히 받지 못한 이민자 노동자가 많다 보니, 교육공학과 직무설계 기법이 발전했습니다. 즉, '누구나 이해할 수 있도록 설명하고, 실행할 수 있도록 설계하는 기술과 전략'이 일터 전체에 내재화되어 있는 셈입니다.

하지만 한국의 많은 중소기업은 아직도 '알아서 해야 하는' 업무환경에 의존하고 있습니다. 체계적인 직무 안내 없이 신입사원에게 "눈치껏 배워라", "한두 달만 하면 감 잡힌다", "알잘딱깔센"이라는 무책임한 말로 넘기기도 합니다. 그 결과, 눈치와 경험 많은 사람만이 살아남고, 그렇지 않은 직원은 '일 못하는 직원'으로 방치됩니다. 일 잘하는 직원은 관리자와 경영진이 만들어가는 것이 마땅하나, 처음부터 일 잘하는 직원을 찾으려고만 합니다. '신입 나이에 10년 경력직급 역량을 요구하는 사업장'이 나옵니다.

이번 장은 우리나라의 관리직과 경영직에게 상대적으로 부족한 '인력 활용 전략'에 주목합니다. 평범한 사람도, 초보자도, 실수를 반복하던 사람도 충분히 잘 해낼 수 있도록 업무를 설계하고, 역할을 조정하며, 학습과 실행을 연결하는 방식으로 일터를 운영한 기업들의 사례를 소개합니다.

- 무자격자 10대 실습생도 효율적으로 활용한 시설
- 상급자의 실무 감각과 실력으로 직원을 설득하고 혁신을 추진한 기업
- 신입, 중숙련직, 고숙련직의 업무를 명확하게 구분한 기업

이들이 보여 주는 공통점은 "사람이 문제가 아니라, 업무 설계와 인력 활용이 문제다."라는 것입니다. 능력이 아니라 업무 수행 체계를 바꾸는 것, 태도가 아니라 안내 방식을 바꾸는 것, 그렇게 '사람을 잘 쓰는' 회사는 능력 있는 직원을 스스로 만들어 갑니다.

사례 1) 실습생의 활용 - 무자격자도 생산성 있는 인력으로

"성인이 돼서 취업하고 싶으면 꼭 여기로 지원해요."

이번 사례는 10인 미만의 영국 사업장과 그보다 규모가 큰 한국 사업장에서 제가 직접 실습생으로 일해 본 경험을 비교하고 있습니다. 국내의 10인 미만의 사업장에서 인력을 효율적으로 활용할 수 있도록 업무가 설계된 사례를 다루고 싶었으나, 아쉽게도 찾지 못했기 때문입니다.

저는 10대 시절부터 약 10년간 영국에서 학업과 시간제 근무를 병행하며 성장했고, 30대가 되어 한국에서 장례지도사라는 새로운 분야에 도전하며 실습을 하게 되었습니다. 두 번 모두 일주일간의 현장 체험이었지만, 실습의 밀도와 태도는 완전히 달랐습니다.

영국에서는 중등교육 과정에서 일주일간의 현장 직업 체험(Work Experience)이 의무화되어 있습니다. 저 역시 그 제도를 통해 중증 장애인을 돌보는 시설에서 실습을 진행했습니다. 자격도, 경험도 없는 10대의 저에게 시설은 감각 자극 활동, 식사 보조, 간단한 놀이 등 낮은 난도의 업무를 배정했습니다. 업무마다 목적을 설명했고, 정기적으로 활동을 피드백하며 다음 활동을 안내해 주었습니다. 직원들과는 점심을 함께 먹으며 자연스럽게 하루를 돌아보는 시간을 가졌고, 마지막 날에는 실습을 함께한 직원들과 장애인들 모두가 작별 티파티를 준비해 주었습니다. 일주일간의 체험은 단순한 견학이 아니었고, 현직자들과 함께 일했던 소중한 경험이었습니다. 실습생이었지만 업무와 관련한 회의에 함께 참여했고, '일하는 사람'으로 대우받았습니다.

한국에서 장례지도사 교육과정을 마친 뒤, 50시간의 현장 실습을 할 때의 경험은 무척 달랐습니다. 그때의 저는 이미 330시간에 이르는 이론 교육과 실습을 마친 상태였고, 염습 실습도 통과한 뒤였습니다. 그러나 현장에서는 체계적인 안내도, 업무도 없었습니다. 하루 8시간 중 5-6시간은 방치되었고, 가끔 염습을 참관하거나 창고 정리하는 정도의 활동이 전부였습니다.

이 두 경험은 단지 업무 배정 방식의 차이만을 보여주지 않습니다. 그것은 조직이 사람을 어떻게 '보고', 또 '활용할 준비가 되어 있는가'에 대한 문화와 철학의 차이를 보여줍니다.

A. 산업

제가 실습에 참여한 영국의 기관은 중증 장애인 지원 보호시설이었고, 한국의 기관은 규모가 큰 장례식장이었습니다.

B. 기업 규모

영국의 실습 기관은 10인 미만 규모의 민간 시설이었으며, 한국의 장례식장은 그보다는 훨씬 직원 수가 많은 것으로 추정되는 사업장이었습니다.

C. 배경

영국은 중등교육의 일환으로 미성년자에게도 현장 경험을 제공함으로써 노동의 가치를 알고, 자신에게 적합한 진로를 찾아가는 데 방향성을 얻도록 합니다. 영국을 포함한 유럽 문화권은 1,000년 이상 도제제도를 운영한 경험과 함께 '어린 사람도 일할 수 있다'는 믿음을 바탕으로 직무가 설계되어 있습니다. 반면, 한국에서는 성인에게도 현장 실습의 목적과 역할을 설명하거나, 그에 맞는 업무를 배정하는 문화가 아직 정착되어 있지 않습니다.

D. 도전과제

영국에서 실습에 참여할 때, 저는 아예 무자격자였습니다. 국내에서 실습할 때는 이론과 실기는 모두 이수한 상태였고, 현장 실습만 채우면 자격증을 받게 되는 상황이었습니다.

영국에서 실습할 때 훨씬 더 자격이나 경험이 부족한 상황이었지만, 영국의 사업장은 그에 맞는 업무를 분해하고 재설계하여 제가 직접 참여할 수 있도록 했습니다. 반면 한국은 실습을 받아들일 준비나 업무 분해 전략이 부족해 실습생이 유휴 인력으로 남게 되는 문제가 있었습니다.

E. 해결 전략

영국에서는 업무를 기능 단위로 분해하고, 실습생에게 적절한 지시와 피드백을 반복적으로 제공하는 방식으로 참여를 이끌었습니다. 실습생을 '준비되지 않은 인력'이 아니라 '지원할 수 있는 사람'으로 보고, 그에 맞춰 설계한 것이었습니다. 구체적으로 제가 영국과 한국에서 한 실습의 경험을 비교해 보면 다음의 표와 같습니다.

〈저자의 영국과 한국 현장 실습 경험 비교〉

구분	영국	한국
연령대	10대	성인
자격	무자격, 무경험	· 330시간의 이론과 실습 이수 · 필기시험+더미 염습 실습 통과
1일 차	· 30분가량 내부 안내 · 짧은 인터뷰 · 오전: 중증 장애인을 배정받아 촉감과 시각, 청각을 자극하도록 지시받음(해당 장애인은 전신의 신경이 서서히 기능을 잃어가고 있어 꾸준한 자극이 필요하나 직원이 계속 곁을 지키긴 어려운 상황), 다양한 촉감과 색감을 가진 물체로 장애인 감각 자극 활동 · 점심시간: 식사와 함께 대화, 오전 활동 리뷰 · 오후: 오전 활동 반복 + 직원이 담당 장애인이 좋아하는 노래를 가르쳐주어 중간중간 불러가며 활동 * 직원이 1-2시간 간격으로 상황을 체크하고, 장애인의 기저귀 교체와 식사를 챙김. 필자에게 점심시간과 휴식 시간 안내해 줌	· 장례지도사의 간단한 자기소개 및 자리 배정 · 1-2시간가량 염습 참관 · 점심시간: 다른 실습생과 식사 · 약 8시간 방치
2일 차	· 오전: 1일 차 활동 재개 + 직원의 지도하에 장애인의 식사와 간식 시중 · 점심시간: 식사와 함께 오전 활동 리뷰, 두 번째 중증 장애인을 배정받음 · 오후: 두 명의 장애인과 함께 감각 자극 활동+놀이활동 진행	· 약 1시간 장례식장 내부 및 시스템 안내 · 약 1시간 염습실 청소 · 점심시간: 다른 실습생과 식사 · 약 8시간 방치
3일 차	· 오전: 2명의 중증 장애인과 활동 재개 · 점심시간: 식사와 함께 오전 활동 리뷰, 필자의 의사를 확인한 뒤, 활동성 있는 다른 장애인과 새로운 활동 배정받음(중증 장애인 2인은 다시 직원 담당) · 오후: 활동성 있는 장애인+직원과 바운시캐슬(bouncy castle) 놀이 활동	· 2회 염습 참관 및 지원 · 점심시간: 다른 실습생과 식사 · 5-6시간 방치
4일 차	· 오전: 요리 실습에 대한 안내를 받고 활동성 있는 장애인+직원과 식재료 구입 · 점심시간: 식사와 함께 오전 활동 리뷰 · 오후: 다 함께 스콘 반죽, 중증 장애인은 스콘 반죽의 일부를 떼어 촉감 놀이, 구워진 스콘으로 티타임	· 약 5시간 염습용품 창고 정리 · 1회 염습 참관 및 지원 · 점심시간: 다른 실습생과 식사 · 약 3시간 방치

5일 차	· 오전: 중증 장애인과 감각 자극 활동+놀이 활동 진행 · 점심시간: 식사와 함께 오전 활동 리뷰 · 오후: 오전 활동 재개, 마지막 1시간 동안 담당했던 모든 장애인과 교류했던 직원들과 함께 작별 티파티	· 1회 염습 참관 및 지원 · 점심시간: 다른 실습생과 식사 · 약 8시간 방치
유휴 시간	전체 35시간 중 정해진 휴식 시간/식사 시간 외에는 0시간	전체 50시간 중 30시간 이상

F. 성과

영국의 실습 기관에서 저는 유휴시간이 거의 없도록 일했습니다. 다양한 업무를 경험했고, 자신감을 얻었고, 장애인들과의 정서적 교류도 경험했습니다. 현직에 계신 분들로부터 나중에 취업을 희망하면 그 시설로 지원하라는 독려를 받기도 했습니다.

한국의 실습은 유휴시간이 너무 길었습니다. 현장을 살펴보면 저 같은 실습생이 할 수 있는 일이 몇 가지 보이는데도, 현직자분들의 지시가 없으니 나서서 할 수가 없었습니다. 물론 그래도 현장 경험을 직접 해 볼 수 있었고, 제 실습을 지켜본 현직자분으로부터 입사를 권유받기는 했습니다. 그럼에도 실습 시간 절반 이상이 유휴시간이었다는 점은 우리나라의 사업장이 실습생 인력을 활용하여 생산성을 내는 데 익숙하지 않음을 보여주는 예시가 될 수 있습니다.

G. 시사점

이 사례는 '누가 유능한 인력인가'를 묻기 전에, '우리는 직원을 활용할 준비가 되어 있는가'를 먼저 물어야 함을 알려줍니다. 단지 사람을 채우는 것이 아니라, 그 사람을 잘 쓰는 방법—그것이 조직의 전략이자 철학입니다.

미성년자도 생산적인 인력으로 활용할 수 있는 유럽의 시스템과 관련 교육을 오랫동안 받은 사람도 충분히 활용하지 못하는 한국의 시스템. 이 차이는 단지 '문화'가 아니라 그만큼 우리가 인력 활용에 대한 고민을 해보지 않았음을 보여줍니다. 국내 현장 실습 사례에서 등장한 현직자 개인의 문제가 아니라, 조직 차원의 문제이자 사회적 차원의 문제입니다. 조직과 사회 전반적으로 일 잘하는 직원이 없다는 걸 한탄할지언정, 있는 직원을 뛰어난 인력으로 키워 갈 생각은 하지 않고 있습니다.

기업의 인력 부족 문제를 해결하려면, 단순한 인력 충원뿐만 아니라 '일을 분해하고, 설계하고, 설명하는 방식'부터 바꾸는 전략적 접근이 필요합니다. 누구나 생산성 있는 사람이 될 수 있도록 일터가 그 기반을 갖춰야 합니다. 실습생을 일일이 챙겨줘야 하는 '학생'으로만 볼 것이 아니라, 일할 수 있는 '추가 인력'으로 활용할 수 있어야 합니다. 학습 능력이 떨어지는 사람도 업무를 이해하고 수행할 수 있도록 설명할 수 있는 '업무 지시 능력'과 설명자료를 갖춰야 합니다.

처음부터 우수한 인력의 수는 한계가 있습니다. 모든 기업이 알아서 척척 해내는 우수한 인력을 확보할 순 없습니다. 처음에는 잘 모르더라도 점차 스스로 해나갈 수 있는 인력이 되도록 기업이 스스로 인력을 키우는 시스템과 역량을 갖춰갈 필요가 있습니다.

사례 2) 실력으로 움직이는 조직 – 실무로 설득하고 혁신을 이끈 리더

"우리가 책상에만 앉아 있다고 무시하던 그 사람, 사실은 우리 일 제일 잘 아는 사람이었어요."

이번 사례도 영국에서 가져왔습니다. 국내 50인 미만 기업 중 적합한 사례를 찾기 어려웠기 때문입니다. 해당 업체는 고객 맞춤형 서비스를 제공하는 특수 서비스업체로, 고객 만족도가 곧 매출과 직결되는 곳이었습니다. 그런데 어느 시점부터 실적이 꾸준히 하락하고, 고객 불만도 증가하기 시작했습니다. 내부에서는 '요즘 고객들이 까다로워져서 그렇다'는 말들이 오갔지만, 문제의 본질은 외부가 아닌 내부에 있었습니다.

이때 조직의 높은 위치에 있던 한 상급 관리자가 나섰습니다. 그는 꽤 오랫동안 실무를 떠나 있었고, 회사 안에서도 '행정 쪽 사람'이라는 인식이 강했습니다. 하지만 그는 실적 하락을 단순히 경기 탓으로 넘기지 않았습니다. 조직 내부의 문제라고 판단하고, 전 직원의 역할과 역량을 다시 점검해 조직 전반을 개편하자는 주장을 꺼냈습니다.

그의 제안은 즉시 강한 반발을 샀습니다. 중간 관리자와 실무자들은 "현장도 모르는 사람이 뭘 안다고 평가하느냐"고 격렬히 반대했고, 회의 자리에서 여러 명이 돌아가며 그에게 정면으로 항의하기도 했습니다.

"책상 앞에서 문서만 보던 사람이 우리가 하는 일을 뭘 아냐?"

"실무 현장을 떠난 지가 몇 년인데, 그동안 바뀐 건 모르나?"

반발하는 직원들 앞에서 상급 관리자는 자신이 준비해 온 것을 꺼냈습니다. 그는 몇 개월 동안 아무 말 없이 전 직원의 업무일지, 고객 피드백, 실적자료, 평가표를 일일이 읽고 분석하고 있었습니다. 그 자료를 바탕으로 부서별 직무 정의서와 직급별 요구 역량을 정리해 내고, 적합자와 부적합자를 분별하고, 그에 맞는 조직 개편안을 구성했습니다. 평사원과 중간 관리자들은 당황했습니다. 자신들의 업무를 이해하지 못한다고 생각했던 상급 관리자가 오히려 자기들보다 더 자세히 업무 흐름을 꿰고 있었기 때문입니다.

그런데도 여전히 반발하는 사람들이 남아 있었습니다. 특히 심했던 실무팀장이 회의 중 그에게 날을 세우며 말했습니다. "문서만 보는 것과 현장에서 몸으로 하는 일은 다르다. 직접 해 보라면 잘할 수 있겠어?"

그는 선뜻 승낙했습니다. 곧바로 스스로를 현장에 파견한 그는 나름 실력파로 알려졌던 실무진들이 실패한 일을 성공적으로 마무리하고 복귀했습니다. 빠른 판단력과 정확한 업무 수행 능력으로 실무자들을 압도했고, 그 앞에서 팀장급 실무진들도 입을 다물어야 했습니다.

하지만 또 다른 직원들이 또 그의 실무 역량을 의심하며 직접적인 대결을 요구했고, 그는 이번에도 쾌히 응했습니다. 결과는 마찬가지였습니다. 그는 오랫동안 사무직에 있었으나, 계속 현장 감각을 유지하고 있었던 것입니다.

그를 중심으로 조직의 분위기가 바뀌기 시작했습니다. 더 이상 그에게 실무를 모른다며 비꼴 수 있는 직원은 없었습니다. 그가 주장하던 전체적인 개혁이 정말 필요하다는 목적의식이 생겨났습니다.

사실 그는 오랜 실무 경력을 가진 인물이었지만, 관리직으로 올라가며 조직에서 실무자로서의 면모는 가려져 있었습니다. 그러나 조직이 위기에 처하자 다시 현장 중심의 리더십으로 돌아왔고, 자신의 판단력과 실력으로 사람들의 신뢰를 얻어낸 것입니다.

조직 개편의 구체적인 성과는 아직 가시화되지 않았지만, 한 가지 분명한 변화는 있었습니다. 직원들의 업무 태도가 달라졌고, 개혁을 추진하는 상급 관리자에 대한 신뢰가 생겼으며, 일터에는 긴장감과 활력이 다시 살아났습니다.

이 사례는 단순한 조직 개편 이야기가 아닙니다. 관리직이나 경영진의 자리에 오르더라도 실무에 대한 감각을 날카롭게 유지해야 직원을 설득할 때도 강압이 아닌, 실력으로 입증할 수 있음을 보여줍니다. 사람을 바꾸기 위해서는 그를 설득할 수 있어야 합니다. 직급과 권한만 내세우는 상급자는 직원의 진정한 변화를 이끌어낼 수 없습니다.

물론 사례 속의 상급 관리자가 실력을 바탕으로 직원을 설득할 수 있었던 배경에는 회사 내 역할 수행에 필요한 '직무와 역량을 체계적으로 정리한 자료', 즉 직무 분석 기반 전략적 인력 활용 지침도 있었습니다. 그런 객관적 자료가 있었기 때문에 그도 모든 직원의 역할 수행 보고서와 역량평가를 비교 분석할 수 있었고, 반발하는 직원들에게 자신의 주장을 설득하기 위한 객관적인 근거를 내밀 수 있었던 것입니다.

A. 산업

해당 기업은 영국에 위치한 중소기업으로, 분류상 '특수 서비스업'에 해당합니다. 고객 대상의 맞춤형 서비스를 제공하는 업무가 중심이며, 실적과 고객 만족도 유지가 기업의 지속가능성을 좌우합니다.

B. 기업 규모

직원 수는 50인 미만으로 관리직과 실무직으로 구성되어 있었습니다. 조직 내에는 장기 근속자와 중간 관리자급 인력도 다수 있었으며, 조직 개편 전까지 전반적으로 '관성'에 따른 운영이 많았습니다.

C. 배경

회사의 실적과 고객 만족도는 지속적으로 하락하고 있었고, 사내에서는 원인을 '외부 환경 탓'으로 돌리는 분위기가 강했습니다. 그런 상황에서 조직 전체의 기능과 역할을 재점검하자는 목소리를 낸 사람은 현장을 떠난지 꽤 오래되었던 상급 관리자였습니다.

D. 도전과제

문제의 본질은 '조직 전체의 느슨함'에 있었습니다. 직원들은 각자의 역할이 명확히 정의되어 있음에도 불구하고, 그 역할을 충실히 수행하지 않거나 중요성을 자각하지 못한 채 일하고 있었습니다. 특히 실적이 떨어지는 와중에도 실무진 내부에서는 위기의식이 희박했고, 오히려 개혁을 요구한 상급 관리자를 향해 "현장을 모른다"며 반발하기도 했습니다.

E. 해결 전략

상급 관리자는 말이 아닌 자료와 실력으로 반발하는 직원들을 설득했습니다. 먼저 몇 개월에 걸쳐 모든 직원의 업무 보고서와 성과평가 기록을 검토했고, 그 정보를 바탕으로 각 직무별로 부적합자를 구분해 냈습니다. 그들의 재배치와 조직 개편안을 구성했고, 현장 실무자들이 느끼는 불만이나 오해에 대해서는 정면 돌파로 대응했습니다.

"책상 앞에 앉아 있는 사람이 우리 일에 대해 뭘 아느냐"는 실무진의 말에 상급 관리자는 자처하여 현장 파견을 나갔습니다. 오랜 시간 현장을 떠났음에도 불구하고 그는 실무 능력에서 누구보다 뛰어난 역량을 보이며 현장 상황을 처리해 나갔습니다. 그의 숙련된 작업 속도와 판단력은 많은 실무자들에게 충격을 주었습니다. 반발이 완전히 사라진 것은 아니지만, 그때부터 조직개혁이 필요하다는 주장에 한층 더 힘이 실리게 되었습니다.

F. 성과

조직 개편의 구체적 성과는 아직 측정 중입니다. 하지만 그 과정에서 나타난 가장 큰 변화는 사람들의 태도였습니다. 업무를 가볍게 여기거나 책임을 회피하던 일부 직원들도 다시 본인의 역할에 집중하기 시작했고, 리더의 실무 감각과 노력에 대한 존중이 조직문화 전반으로 확산됐습니다. "상사가 우리 일을 제대로 이해하고 있다, 더 뛰어난 실력을 갖추고 있다"는 믿음은 구성원들에게 긍정적인 압력으로 작용했습니다.

G. 시사점

이 사례는 역할 수행에 필요한 역량이 명확히 정의되어 있는 조직에서 할 수 있는 혁신 추진 방법을 보여줍니다. 직무별로 어떤 수준의 역량이 요구되는지, 어떤 기준으로 평가될 수 있는지가 구체적으로 설정되어 있었기에 객관적 근거를 바탕으로 직원을 설득하고, 조직 개편이라는 고난도 변화가 추진될 수 있었습니다. 이런 변화를 통해 역할별 부적합자를 분류해 내고, 더 생산적으로, 더 효율적으로 일할 수 있는 방향으로 조직 개편을 해나갈 수 있었습니다.

또한, 상급 관리자는 말로만 혁신을 외친 것이 아니라, 성실하게 준비한 객관적 자료와 뛰어난 실무 능력으로 신뢰를 확보했습니다. 조직이 리더의 지시를 진심으로 이해하고 따르게 되는 이유는 직급 때문이 아니라, 현장을 이해하는 태도와 행동임을 보여준 사례이기도 합니다.

조직 혁신은 쉽지 않습니다. 특히 인력 구조와 문화를 건드리는 일은 더더욱 그렇습니다. 하지만 이 기업은 '역량 정의'와 '신뢰를 얻은 리더'라는 조건이 맞물릴 때, 개혁의 실마리를 만들 수 있음을 보여줍니다.

우리나라 중소기업들 또한 이제는 직원의 특성과 역량에 맞춰 업무를 배정하고, 부족한 직원은 어떻게 역량을 키우도록 이끌 것인가 고민할 필요가 있습니다. 막연하게 양적으로만 인력 활용을 생각할 것이 아니라, 질적으로도 고민해야 합니다.

또한 경영진과 관리 직급은 상급자의 위치에 오르더라도 실무 감각을 잃지 않도록 항상 스스로를 갈고닦아야 할 것입니다. 하급자보다 역량이 떨어지는 상급자는 당연히 존경받을 수 없습니다. 상급자 본인도 하는 방법을 모르면서 하급자에게 업무를 지시하는 것은 무책임한 일입니다. 하급자가 바른 방향으로 역할을 수행할 수 있도록, 더 뛰어난 실무 감각으로 이끌어 주고 역량을 키워주는 것이 상급자의 역할이 되어야 합니다.

사례 3) 숙련은 가치다 – 공정 숙련도와 급여 체계의 재설계

"왜 나이 많은 분들은 편한 일만 하죠?"
"일은 우리가 다 하는데, 월급은 고참들이 더 받는 것 같아요."

이 사례는 국내의 한 100인 미만 중소 제조업체에서 실제로 있었던 변화의 이야기입니다. 이 기업은 금속 가공 부품을 생산하는 제조업체로, '일의 강도'와 '급여'가 맞물리지 않는 문제를 갖고 있었습니다. 젊은 직원들과 신입사원들은 반복적이고 체력 소모가 큰 공정에 배치되었고, 반면 10-20년 경력의 고령 근로자들은 다소 여유 있는 공정에서 일했습니다. 하지만 급여는 연차와 직급 중심으로 책정돼 있어, 젊은 직원들의 불만이 점점 쌓였습니다.

어느 날 대표는 한 젊은 직원의 퇴사 면담 중 이런 말을 들었습니다. "나중에 연차 쌓이고 나이 먹으면 편한 일 한다고 하는데, 저는 그게 너무 불공평하게 느껴졌어요. 일할수록 지치고, 희망이 안 보여요."

그 말은 경영진에게 큰 충격을 주었습니다. 그렇게 '숙련된 인력의 경험을 어떻게 제대로 인정하면서도, 젊은 인력이 불공정하다고 느끼지 않게 만들 수 있을까'라는 질문에서 변화가 시작되었습니다. 경영진은 전문적인 컨설팅을 받으며 공정을 숙련 수준별로 구분했고, 급여 체계를 그에 비례하도록 개편했습니다. 즉, 높은 숙련도와 집중도를 요구하는 고난도 공정을 맡으면 높은 급여를, 저난도 공정을 맡으면 낮은 급여를 받는 체계를 만든 것입니다.

이미 높은 숙련도를 갖고 있던 고령 직원들에게 고난도 공정을 배정함으로써 그들이 높은 급여를 받는 것에 대한 젊은 직원들의 반발을 해소했습니다. 또한 젊은 직원들도 기술을 익히면 고난도 공정으로 옮겨가서 그만큼 더 보상을 받을 수 있을 것이라고 설득했습니다.

급여가 공정하게 지급된다는 믿음이 생기고, 숙련도를 갈고닦을 의욕이 생기면서 직원들의 생산성도 향상되었습니다. 이직률도 눈에 띄게 감소했습니다. 또한 갓 입사한 신입이 할 수 있는 저숙련 공정이 구분되면서, 방치되던 10대 현장 실습생들에게도 제 역할이 주어질 수 있게 되었습니다. 옆에서 견학만 할 때보다 직접 실무를 경험하게 되면서 실습생들의 만족도도 올라갔고, 실습생으로 시작하여 4-5년 이상 계속 재직하는 경우도 늘어났습니다.

A. 산업

해당 기업은 기계 부품을 제조하는 중소 제조업체입니다.

B. 기업 규모

직원 수는 약 100인 미만입니다. 현장 인력 비중이 높고, 고령 직원의 비율도 낮지 않습니다. 숙련 기반의 공정이 많아 신입사원들은 초기에 업무 적응에 어려움을 겪곤 했습니다.

C. 배경

문제의 출발점은 '불균형한 업무 분장'과 '연공 중심 급여 구조'였습니다. 젊은 직원들이 상대적으로 체력 소모가 많고 신경을 많이 써야 하는 공정을 도맡고 있었습니다. 고참 직원들은 상대적으로 여유 있는 공정을 주로 담당하고 있었습니다. 그럼에도 불구하고 급여는 연차에 따라 결정되었습니다.

대표는 "단지 젊다는 이유로 더 많이 일하고, 나이가 많다는 이유로 덜 일하면서 더 받는" 구조가 과연 지속 가능할지 자문했고, 스스로도 "답은 아니다"라는 결론을 내렸습니다. 하지만 문제를 바로잡기란 쉽지 않았습니다.

D. 도전과제

외부 컨설팅을 받은 결과, 다음과 같은 문제점과 개선의 방향성이 확인되었습니다.

- 공정별 난이도와 숙련도를 객관적으로 구분할 기준 부족
- 고령 직원과 젊은 직원 사이의 감정적 갈등
- 고령 직원의 업무 재배치를 반발 없이 진행할 방안 필요
- 연차 중심의 급여 체계를 숙련 기반으로 재설계하려면 전체 보상 시스템의 전면 조정 필요

E. 해결 전략

대표는 우선 전문 컨설팅 기관과 협업하여 '작업 분석-공정 등급화-보상 체계 정비'라는 3단계 전략을 마련했습니다.

먼저 공정을 분석하고 등급화했습니다. 전 공정을 ▲정밀도 ▲기술 난이

도 ▲반복도 ▲안전 위험도 ▲작업 속도 등을 기준으로 분석했습니다. 각 항목을 바탕으로 숙련도를 1-4등급으로 구분한 작업 난이도 매뉴얼을 구축했습니다. '누가 일하든 똑같은 결과를 낼 수 있는지'를 핵심 판단 기준으로 삼아, '대체 불가능성'이 높은 공정을 고숙련으로 분류했습니다.

두 번째는 급여 체계 개편이었습니다. 연공 중심 체계를 없애고, 공정별 숙련 등급에 따라 공정 수당을 새로 책정했습니다. 기존 고참 직원들에게는 "급여가 깎이지 않도록" 고난도 공정에 배치했습니다. 높은 숙련도와 집중도를 요구하는 고난도 업무를 담당하는 만큼, 그들의 높은 급여가 타당하다는 논리를 만든 것입니다.

세 번째는 직원 설득 및 감정 관리였습니다. 고령 직원들은 상대적으로 설득이 쉬웠습니다. 그들은 고난도 업무를 맡게 되면서 전문성을 존중받는다고 느끼게 되었고, 그와 비례하여 높은 급여도 유지되었으므로 비교적 불만이 적었던 것입니다. 물론 아예 반발이 없진 않았고, 몇 명의 고령 직원이 회사를 떠나긴 했습니다. 하지만 대부분은 회사에 남았습니다.

왜 고령 직원이 높은 급여를 받는지를 업무 난이도를 바탕으로 젊은 직원들을 설득했고, 그들도 기술을 익히면 고숙련 공정으로 이동하여 그만큼 보상받을 수 있게 된다고 설득했습니다.

F. 성과

이후 젊은 직원들의 이탈률은 눈에 띄게 감소했습니다. 과거에는 "무작정 힘든 일은 내가 하고, 급여는 나이순"이라는 인식이 강했지만, 이제는 "더 정밀한 기술을 익히면 나도 숙련자로 인정받을 수 있다"는 기대가 생긴 것입니다. 고령 직원들 역시, 자신들의 기술이 조직 내에서 정당하게 평가받고 보상받는다는 점에 만족감을 느꼈고, 후배 직원들의 질문에 성심껏

답해주는 등 기술 전수에도 적극적으로 나서기 시작했습니다.

무엇보다 의미 있었던 변화는, 현장 내 '존중의 문화'가 생겼다는 점이었습니다. "나이 많다고 편하게 일하는 게 아니라, 기술 있는 사람이 더 책임 있는 역할을 맡는다"는 기준이 명확해지자, 연령과 직급을 떠나서 상호 존중하는 분위기가 자리 잡게 되었습니다.

더불어 저숙련 공정이 명확하게 구분되면서 고등학생 실습생들의 일손도 적절히 활용할 수 있게 되었습니다. 견학 중심으로 현장 실습 시간을 보내던 그들이 실제 공정에 참여하면서 실습에 대한 만족도도 늘었습니다.

G. 시사점

이 사례는 단순한 보상 체계 개편을 넘어, 숙련이라는 가치를 어떻게 보상 체계와 연결시킬 수 있는지를 보여줍니다. "신입은 일하고, 돈은 고참이 받아간다"는 사업장 내 불평등은 세대 갈등과 인력 유출의 뿌리가 되곤 합니다.

또한 중소 제조업 현장에서는 숙련자의 암묵지(눈에 보이지 않는 지식)가 중요한 자산이지만, 이를 후배에게 전수하지 못하거나, 젊은 인력과의 갈등으로 낭비되는 경우가 많습니다. 하지만 이 기업처럼 공정과 숙련도를 명확히 구분하고, 그에 맞춰 인력 재배치와 급여체계를 정비하면, 세대 간 갈등을 줄이고 조직 전체의 신뢰를 높일 수 있습니다.

특히 인구 고령화와 청년층 유입 저하로 이중고를 겪는 국내 제조업계에서, '어떻게 신입 인력과 고령 인력을 적절하게 활용할 것인가'는 조직의 지속 가능성을 좌우하는 핵심 전략입니다. 본 사례는 그 예시를 적절하게 보여주고 있습니다.

우리나라는 세계적으로 유례없는 수준의 교육열과 학습 역량을 보유한 곳입니다. 국제 학업 성취도 평가(PISA)를 비롯한 다양한 지표에서 한국 청년층의 문해력과 수리력은 상위권을 유지하고 있으며, 디지털 활용 능력과 문제 해결 능력 또한 우수한 평가를 받고 있습니다. 그러나 이러한 개인의 높은 역량에도 불구하고, 실제 산업현장에서 나타나는 노동생산성은 기대에 미치지 못하고 있습니다.

이러한 생산성 격차의 원인은 인력 개개인의 능력 부족이 아니라, 인력을 활용하는 방식과 조직 구조에 있습니다. 많은 한국의 조직들은 '직원이 알아서 파악하고 처리하는' 문화에 익숙하며, 신입이나 무자격 인력에게도 충분한 설명과 체계적인 안내 없이 업무를 맡기는 경우가 많습니다. 반면, 유럽이나 미국과 같은 주요국들은 오랜 시간에 걸쳐 비숙련 인력도 충분히 기여할 수 있도록 직무를 세분화하고, 학습과 실행이 유기적으로 연결되도록 설계하는 전략을 발전시켜 왔습니다.

본 장에서는 다음과 같은 사례들을 통해, 신입 인력이나 무자격 인력도 충분히 생산성 있는 인력이 될 수 있음을 보여드리고자 하였습니다. 실무경험이 없는 10대 실습생조차도 목적이 명확하고 업무가 잘 분해된 환경에서는 생산성 있는 구성원이 될 수 있었습니다. 실무에서 떨어져 있던 관리자는 뛰어난 실무 감각과 체계적인 분석을 바탕으로 반발을 극복하고 조직의 혁신을 이끌었습니다. '숙련'을 구조화한 중소기업은 신입에게도 실질적인 역할을 부여하고, 고령 인력과의 세대 갈등을 줄이며 조직 전반의 신뢰를 회복했습니다. 그 과정에서 저숙련 직무를 구분하여 실습생도 생산적으로 일할 수 있는 기반을 마련하기도 했습니다.

이러한 사례들은 “직원의 역량이 문제가 아니라, 그 역량을 활용하는 방식이 문제”라는 공통된 교훈을 제시합니다. 일 잘하는 사람을 찾는 것이 아니라, 누구라도 일 잘할 수 있도록 만드는 체계를 갖춘 조직이 결국 더 강한 경쟁력을 갖게 됩니다. 신입 직원에게도 적합한 역할을 설계해 주고, 무경력자에게도 참여의 기회를 제공하며, 그 과정을 통해 점차 역량을 쌓을 수 있도록 이끄는 기업이야말로 진정한 의미의 ‘사람을 잘 쓰는 조직’이라 할 수 있습니다.

기업 경영에는 단순히 인재를 ‘충원’하는 전략을 넘어서, 인재를 ‘성장시키는’ 경영 철학과 조직문화가 필요합니다. 누구나 생산성 있는 인력이 될 수 있도록, 조직이 먼저 준비되어야 합니다. 이것이야말로 인력난과 불균형한 업무 구조 속에서 지속 가능한 경영을 위한 핵심 전략일 것입니다.

IX.
처벌보다 보상, 그리고 피드백

많은 기업들은 직원의 잘못된 행동을 고치기 위해 '처벌'을 선택합니다. 규율을 세우고, 위반 시 불이익을 주며, 지시에 따르지 않는 직원에게 경고장을 발부하거나 인사상 불이익을 주는 방식으로 행동을 유도합니다.

하지만 이런 방식은 기대만큼 효과적이지 않습니다. '처벌'이 효과를 보려면 부적절한 행동을 했을 때마다 발각되어야 하고, 그때마다 즉각 처벌되어야 합니다. 처벌이 너무 경미해도 효과를 기대하기 어렵고, 너무 강하면 도리어 억울하다는 감정을 느끼게 하여 행동교정으로 이어지기 어렵습니다. 즉, 효과적인 실행이 매우 어렵습니다. 관리자의 눈에 띌 때만 지적하고, 처벌 조항이 있어도 제대로 처벌하지 않는 것이 현실입니다. 결국 행동이 바뀌기보다는, 관리자 눈에 띄지 않도록 숨기거나 방어적으로 행동하게 만들 뿐입니다. 신뢰는 사라지고, 직원들은 '관리자에게 잘 보이기 위한 행동'만 하게 됩니다.

진정한 변화는 오히려 '잘한 행동'을 포착하고, 그것을 인정하고, 보상할 때 일어납니다. 이때는 매번 꼭 보상을 주지 않더라도, 가끔씩 눈에 띄었을 때만 보상이 주어지더라도 변화가 일어납니다. 직원들은 본인의 노력이 조직에서 가치 있게 여겨질 수 있음을 인식할 때, 자발적으로 더 나은 행동을 반복하게 됩니다. 특히 중소기업처럼 구성원 간 거리가 가까운 조직에서는 '보상의 메시지'가 금방 조직문화의 변화로 이어집니다.

물론 매번 물질적 보상을 하기는 어렵습니다. 기업마다 활용할 수 있는 자원의 규모는 다르니까요. 이럴 땐 명확한 피드백도 보상으로 작용할 수 있습니다.

이 장에서는 '직원에게 원하는 행동을 어떻게 유도할 것인가'에 대한 기업들의 실제 사례를 다룹니다. 비난과 억압 대신, 인정과 격려로 행동의 방향을 바꾼 기업들의 전략을 살펴봅니다. 핵심은 단순합니다.

- 어떤 행동에 보상이 따르는지를 명확히 할 것
- 그리고 약속된 보상을 꼭 지급할 것
- 보상을 약속했는데 당장 주기 어렵다면 나중에라도 줄 것
- 아예 보상을 주기 어려운 상황이 되었다면 직원에게 그 이유를 꼭 설명할 것
- 처음부터 보상할 여건이 되지 않는다면 직원에게 거짓으로 보상을 약속하지 말 것
- 보상이 아닌 구체적인 피드백으로도 행동의 변화를 가져올 수 있음을 알 것(이때는 보상을 약속해선 안 됨)
- 적합한 행동을 할 수 있는 기회를 줄 것

무작정 징계조항을 만들기보다는, 위와 같은 방식으로 운영하는 것이 오히려 조직이 원하는 행동을 유도하는 효과적인 방법이 될 수 있습니다.

사례 1) 매장 위생을 지켜라 – 스티커 알림이

"장갑으로만 보여줄 게 아니라, 정말로 위생을 지켜야죠."

10인 미만의 지방 요식업 사업장에서 있었던 사례입니다. 해당 사업장

은 코로나19 팬데믹 기간을 지나면서 위생과 안전에 특히 신경을 쓰게 되었고, 그 일환으로 직원들이 조리 및 서비스 중 위생 장갑을 착용하도록 독려해 왔습니다. 이 시기에는 위생 장갑 착용이 요식업계 전반에 걸쳐 일종의 관례처럼 여겨지기도 했습니다.

하지만 어느 날, 고객 한 명으로부터 불만이 접수되었습니다. 직원들이 위생 장갑을 낀 채로 매장 밖으로 나갔다가, 장갑을 바꾸지 않은 채 그대로 음식을 준비하고 있다는 지적이었습니다. 고객의 말에 따르면 장갑을 낀 손으로 흡연을 하거나, 화장실에 다녀온 뒤 장갑을 그대로 착용한 채 다시 조리 과정에 참여한 것으로 보였다고 했습니다.

이 컴플레인을 받은 사장은 단순히 직원들을 나무라기보다는 '과연 위생 장갑이 위생을 지켜주는가?'라고 생각했습니다. 직원들은 장갑을 매번 끼고 벗기가 귀찮으니 그냥 낀 채로 돌아다녔고, 장갑 자체가 오히려 비위생적인 도구가 되어가고 있었던 겁니다.

사장은 차라리 매장에서 위생 장갑을 완전히 없애기로 결정했습니다. 대신, 손 씻기를 일상화하기 위한 행동 유도 장치를 매장 전역에 도입했습니다. 직원들의 동선 곳곳에 손 씻기를 권장하는 스티커를 붙였고, 화장실과 세면대 앞에는 손 씻기 6단계(손바닥-손등-손가락 사이-손톱 밑-엄지-손목)의 순서를 안내하는 시각 자료를 부착했습니다.

또한 매장 내부 테이블에도 "저희는 장갑을 끼지 않지만, 수시로 손을 씻습니다"라는 문구를 담은 안내문을 마련해 고객에게도 이 변화의 이유와 위생 노력을 설명했습니다. 이러한 메시지는 고객에게도 신뢰감을 주었고, 실제로 불만은 더 이상 제기되지 않았습니다.

가장 중요한 변화는 직원들의 행동 그 자체였습니다. 장갑을 낀 채 단순히 겉으로만 위생을 챙기던 방식에서, 손을 직접 씻는 행위로 위생 습관이 전환되면서 자신의 손 상태에 더 민감해지고, 더 자주 세면대를 찾게 되었습니다. 장갑을 벗기 위한 이 작은 실험은, 실제로 위생의 본질을 돌아보게 해 주는 계기가 되었고, 단순한 도구나 관례에만 의존하지 않는 행동 중심의 위생 문화를 만들어 냈습니다.

A. 산업

요식업 분야의 작은 사업장에서 경험한 사례입니다. 해당 사업장은 고객과의 접점이 많으며, 청결과 위생이 매우 중요한 산업적 특성을 갖고 있습니다.

B. 기업 규모

10인 미만의 소규모 사업장으로, 사장이 직접 현장을 관리하고 직원들과 소통하며 빠르게 의사결정을 내릴 수 있는 곳입니다.

C. 배경

코로나19 이후 요식업계에서는 위생 장갑 착용이 일종의 '기본 예절'처럼 여겨지게 되었습니다. 해당 사업장도 이 분위기에 맞춰 장갑 착용을 시행해 왔지만, 실제 현장에서는 장갑이 위생을 보장하지 않는 상황이 벌어지고 있었습니다.

D. 도전과제

직원들이 장갑을 착용한 채로 매장 외부를 다녀온 뒤, 장갑을 교체하지 않고 조리를 이어가는 일이 발생하며 고객 불만이 제기되었습니다. 위생 도구인 장갑이 오히려 위생 문제를 일으키고 있다는 점이 핵심 문제였습니다.

E. 해결 전략

사장은 장갑을 없애고, 직원들이 손을 씻도록 유도하는 행동 기반의 접근법을 택했습니다. 손 씻기 안내 문구와 시각 자료를 매장 전역에 부착했고, 고객에게도 해당 변화의 이유를 투명하게 안내했습니다. 단순한 규칙 제정이 아니라, 행동 습관 자체를 바꾸는 데 초점을 맞춘 전략이었습니다.

F. 성과

장갑 없이 손을 자주 씻는 습관이 자리 잡으면서 위생 수준은 오히려 개선되었고, 고객의 불만도 더 이상 발생하지 않았습니다. 직원들도 손 위생에 대해 더욱 민감해지면서, 위생에 대한 주인의식이 생겼습니다. 고객 안내문을 통한 신뢰 회복도 효과적이었습니다.

G. 시사점

이 사례는 '위생 장갑'이라는 눈에 보이는 상징이 실질적인 위생을 대체할 수 없으며, 직원의 행동 자체를 바꾸는 전략이 훨씬 효과적일 수 있다는 사실을 보여줍니다. 도구나 제도를 강제하는 방식보다, 직원들이 왜 그런 행동이 필요한지를 체감할 수 있도록 만드는 환경 조성이 중요하다는 것을 잘 보여준 사례입니다. 가시적인 처벌이나 억압 없이도, 유연한 환경 설계와 소통을 통해 행동 변화가 충분히 가능함을 시사합니다.

사례 2) 안전은 반복의 힘 – 피드백으로 사고 예방

"무엇보다도 직원의 안전이 가장 중요합니다."

이번 사례는 북유럽의 기업에서 경험한 일입니다. 50인 미만 규모의 제조업체인 해당 기업에서는 매일 아침 작업장으로 들어가기 위해 경사로를 약간 올라가야 했습니다. 평소에는 아무 문제 없었지만, 겨울철이 되면 상황이 달라졌습니다. 이 지역은 눈이 자주 왔는데, 경사로 위에 눈이 얼어붙으면 미끄러지는 사고가 자주 발생했습니다.

사측은 난간을 설치했고, 바닥에는 미끄럼 방지 타일도 덧대었지만, 날씨가 추워지면 타일 위로도 다시 얼음이 생기곤 했습니다. 제대로 안전을 보장하려면 난간을 잡고 올라가야 했습니다. 사측도 여러 차례 "겨울철에는 난간을 꼭 잡아달라"고 공지했지만, 정작 많은 직원들이 이를 지키지 않았습니다. 그 이유는 난간이 너무 차갑다는 것이었습니다. 난간 겉을 다른 소재로 씌우긴 했지만, 영하의 날씨 속에서는 차갑게 느껴졌고, 직원들 사이에서는 난간을 잡는 것이 불편하다는 반응이 많았습니다. 몇몇 직원은 미끄러져 다리에 멍이 들기도 했습니다.

사측은 장기적으로는 입구의 경사로 전체를 눈이 와도 미끄러움이 발생하지 않도록 보수하기로 했으나, 당장 겨울에 눈이 오는 와중에 공사를 진행할 수는 없었습니다. 따라서 계절이 바뀔 때까지는 직원들에게 좀 더 주의해 줄 것을 요청해야 했습니다. 사측은 전문적인 외부 컨설턴트를 섭외하여 직원이 왜 난간을 잡지 않는지를 파악하고, 해결 방법을 찾아 보고서를 써달라고 요청했습니다. 사실 사측은 이미 염두에 두고 있는 방안이 있었으나, 직원을 설득하기 위해 외부 전문가를 통해 타당성을 확보하고자 한 것입니다.

컨설턴트는 난간 잡기 행동에 대한 '반복 피드백 시스템'을 제안했습니다. 작업장 입구에 CCTV를 설치하고, 직원들이 하루하루 난간을 잡았는지 기록했습니다. 그리고 매주 금요일마다 각 직원의 책상 위에는 서면으로 피드백을 주도록 권했습니다. 설령 위반을 했어도 처벌이 가해지는 일은 없었습니다. 그저 순수하게 그 주에 해당 직원이 몇 번 난간을 잡지 않았는지, 몇 번 잘 실천했는지를 기록해서 피드백을 주라고 한 것입니다.

이 시스템은 노사 공동으로 합의하여 진행되었습니다. 컨설턴트가 제안했으나, 노사 양측의 합의로 최종 방법을 결정한 것입니다. 직원이 '행동을 감시당한다'고 생각하지 않도록, 사측은 "직원의 안전이 최우선"이라는 원칙을 노측과 공유했고, 노조 측도 이에 전적으로 동의했습니다. 위에서 아래로 직원을 억누르는 수단이 아니라, 구성원 전체의 안전을 위한 공동의 규범 형성이라는 인식이 공유되었던 것입니다. 노조 차원에서 안전을 위해 필요한 사항임을 직원들에게 설득했습니다.

얼마 지나지 않아 난간을 잡지 않고 올라가는 직원의 수는 급감했고, 몇 개월 뒤에는 사실상 전 직원이 자발적으로 난간을 잡는 습관을 갖게 되었습니다. 처벌 조항도 없고, 결과를 공개하는 일도 없었지만, 효과는 확실했습니다. 처벌이 아니라 반복된 피드백과 실천의 기회 제공이 결국 행동을 바꾸고, 조직문화를 바꾼 것입니다.

A. 산업

북유럽 지역의 제조업 분야 기업이었습니다.

B. 기업 규모

직원 수 50인 미만으로. 기능직 중심의 생산 현장으로 구성되어 있습니다.

C. 배경

겨울철 경사로 결빙으로 인해 미끄럼 사고가 빈번하게 발생했으며, 난간을 잡지 않는 직원들이 많았습니다. 미끄러져서 다리에 멍이 든 직원도 있었고, 관리팀에서는 여러 차례 공지를 내렸지만 실천율은 낮았습니다.

D. 도전과제

관리팀의 전체 공지와 경고만으로는 직원의 행동이 바뀌지 않았습니다. 난간이 차갑다는 불편함으로 인해 자발적 실천율 또한 저조했습니다. 그렇다고 감시나 처벌 방식은 반발을 일으킬 가능성이 있었습니다. 북유럽은 노사 상호 신뢰도가 높은 편이고, 그 신뢰도를 중요하게 생각합니다. 따라서 구성원 간 신뢰를 해치지 않으면서 실천율을 높일 필요가 있었습니다.

E. 해결 전략

사측은 외부의 전문 컨설턴트를 고용하여 문제를 구조적으로 분석했습니다. 컨설턴트의 제안에 따라 CCTV를 설치하고 피드백을 주는 방안을 노측과 함께 검토했습니다. 자칫 직원을 감시하는 것처럼 느낄 수도 있으나, 무엇보다도 중요한 것이 직원의 안전이라는 점에 동의하였습니다. 즉, 노사 합의를 통해 '감시'가 아니라 '공동의 안전문화 형성'으로 프레임을 설정한 것입니다.

노측이 나서서 직원의 안전을 위해 CCTV 설치가 필요함을 알리고, 전혀 처벌을 위한 것이 아님을 이해시켰습니다. 노사 양측의 상호 이해하에 매주 개인별로 CCTV로 확인한 준수/위반 횟수를 기록하여 피드백 종이를 각자의 책상에 배포했습니다. 피드백은 개인적이고 비공개로 전달되었습니다. 위반에 대한 불이익은 전혀 없었지만, 반복된 피드백이 직원들에게 난간을 잡아야겠다고 생각하도록 유도했습니다.

F. 성과

난간을 잡지 않고 경사로를 오르는 일이 크게 감소했습니다. 몇 개월이 지나 피드백이 중단되어서도 그 습관은 계속 유지되었습니다. 덕분에 직원이 미끄러지는 일도 줄어들었습니다. 이미 노조와의 합의를 통해 안전에 필요한 조치임을 직원에게 설득시켰으므로 인권침해를 주장하는 직원은 없었습니다.

G. 시사점

이 사례는 행동 변화를 유도하기 위해 반드시 처벌이나 보상이 필요한 것은 아니며, 피드백과 실천 기회 제공으로도 원하는 효과를 누릴 수 있음을 보여줍니다. 단순한 지시나 경고로는 조직 구성원의 일상 습관을 바꾸기 어렵습니다. 특히 반복적 위험이 존재하는 작업장에서는, 구성원 개개인의 주의가 누적된 습관이 되어야만 지속적인 안전이 보장됩니다. 이런 습관이 만들어지도록 반복적인 피드백을 주는 것입니다.

또한 본 사례는 CCTV와 같이 모니터링하는 장치를 활용하더라도, 그 목적이 구성원을 억압하는 것이 아니라 보호하는 데 있다는 공감대가 형성된다면 북유럽처럼 노동자의 권리가 강력한 곳에서도 수용될 수 있음을 보여줍니다. 중요한 것은 공동의 목적에 대한 노사 간 신뢰입니다. 그 위에서 정기적이고 개인화된 피드백은 효과적인 행동 변화 유도 장치가 되었습니다.

사례 3) 조용하지만 무거운 피드백 – 성희롱 가해자 행동 교정

"징계 안 해도, 사람이 바뀔 수 있더라고요."

지방에 위치한 100인 미만의 중소기업에서 있었던 일입니다. 이 회사는 직원 복지와 급여 수준, 회사 전반의 분위기 등은 꽤 괜찮은 편에 속하는 곳이었습니다. 하지만 창업 초기부터 함께해 온 일부 원년 멤버 이사들이 큰 문제였습니다.

이사들은 외부 계약을 능숙하게 따오며 매출에 큰 기여를 하고 있었고, 덕분에 회사 내 권위도 상당했습니다. 그러나 동시에 젊은 여성 직원들에게 반복적으로 불편한 언행을 하는 사람들이기도 했습니다. "○○가 타준 커피 먹고 싶다", "(워크숍 가는 버스 안에서) 우리 ○○, 여기 와서 내 옆에 앉아야지", "(단체 산행할 때) 오빠랑 손 꼭 잡고 가자"와 같은 발언을 서슴지 않았습니다. 그들에겐 그냥 농담일지 모르지만, 듣는 사람에겐 매우 불쾌하고 모욕적인 일이었습니다.

창업주는 이사들과 개인적인 친분도 있었고, 오랫동안 함께했기 때문에 강력하게 조치하지 않았습니다. 이사들의 발언이 과도하게 수위를 넘으면 말리는 시늉은 했지만, 공식적으로 징계를 하거나 제재하진 않았습니다. 그 상황이 반복되자 여성 직원들 사이에서는 불만이 쌓였습니다. 하지만 신고해도 별 조치가 없었고, 외부 기관에 신고하면 퇴사를 각오해야 했으므로 쉽게 나설 수도 없었습니다.

그렇게 쌓여가던 불만 속에서, 여성 직원들은 직접 싸우지 않고 행동을 바꾸는 방법을 고민하게 되었습니다. 그러다 '하나하나 다 기록해서 익명 편지로 보내자'는 결론을 내렸습니다. 가해자들이 부적절한 발언을 할 때마다, 시간, 장소, 내용과 함께 구체적으로 기록하고, 매월 한 번씩 정리해서 익명의 편지로 전달하는 방식을 택한 것입니다. 이 편지에는 위협이나 감정적 비난은 전혀 담기지 않았습니다. 단지 어떤 말이, 언제, 어디서, 누구에게, 어떤 방식으로 전달됐는지를 담백하게 정리한 사실만 나열되어 있었습니다.

이사들은 처음엔 누가 이런 짓을 하느냐며 난리를 치고, 잡아서 혼쭐을 내겠다고 화를 냈습니다. 하지만 창업주는 "잘못한 건 사실 아니냐"고 말하며 그들을 질책했습니다. 창업주는 차마 징계하진 못했으나 이사들의 언행에 문제가 있다는 점을 분명 알고 있었습니다. 따라서 자신의 손을 타지 않고 그들이 자정되는 것을 긍정적으로 판단한 것으로 짐작됩니다.

그렇게 서면 피드백은 몇 달 동안 이어졌습니다. 익명으로, 조용히, 그러나 아주 구체적으로 말입니다. 그 효과는 생각보다 빠르게 나타났습니다. 이사들은 발언 수위를 스스로 조절하기 시작했고, 실수로 부적절한 말을 하더라도 즉시 눈치를 보거나 당황하는 모습을 보였습니다. 서서히 그들의 언행 습관이 바뀌기 시작했습니다.

직원들은 징계나 제재 없이도 행동을 바꿀 수 있다는 경험을 하게 되었고, 회사는 한 걸음 건강한 조직문화를 향해 나아갔습니다. 비록 공식적인 제도 개선이 있었던 것은 아니지만, 현장 직원들이 주도적으로 문제를 해결했고, 이를 통해 권위 있는 인물들의 행동까지 바꿔낸 의미 있는 사례로 남게 되었습니다.

A. 산업

해당 기업은 산업을 밝히기를 원하지 않았습니다.

B. 기업 규모

직원 수는 100인 미만이며, 수직적 위계와 권위적 조직문화를 갖고 있었습니다. 창업 초기부터 함께해 온 이사들이 조직 내 핵심 인물로 활동하고 있었습니다. 복지, 급여, 분위기 등은 대체로 만족스러운 편이었습니다.

C. 배경

오랫동안 일부 임원진이 여성 직원들에게 불쾌한 언행을 해왔지만, 내부적으로 제대로 된 징계나 조치가 이루어지지 않았습니다. 신고를 해도 무마되기 일쑤였고, 외부에 문제를 알리자니 퇴사를 감수해야 했던 현실 때문에 직원들은 침묵을 강요당했습니다.

D. 도전과제

직접적인 징계 없이 권위 있는 임원진의 행동을 바꾸는 것, 그리고 피해자의 피해를 최소화하면서 행동 교정을 유도하는 것이 가장 큰 과제였습니다. 권력 구조상 직원들이 취할 수 있는 방법이 제한적이라는 점도 문제였습니다.

E. 해결 전략

직원들은 성희롱성 언행을 기록하고, 정기적으로 사실만 담긴 피드백 문서를 작성했습니다. 개별 이사들이 한 말을 각각 따로 작성했고, 익명 편지로 보냈습니다. 문서에는 어떤 위협적 표현이나 감정적 표현도 담기지 않았고, 사실만이 나열되었습니다. 창업주는 이런 익명 편지에 대해 공식 개입 없이 묵인했고, 분노하는 이사들을 제지했습니다. 반복되는 익명 편지는 이사들에게 두려움을 줬고, 직접적인 징계나 법적 조치는 없었으나 그들의 행동 변화로 이어졌습니다.

F. 성과

이사들은 서서히 발언을 조심하게 되었고, 기존의 '농담'은 사라졌습니다. 실수로 부적절한 언행이 튀어나와도 스스로 바로 인지하고 조심하는 모습을 보이게 되었고, 성희롱성 언행은 크게 줄었습니다. 직원들의 자발적이고 집단적인 대응이 효과를 발휘한 사례였습니다.

G. 시사점

이 사례는 공식적인 제재나 징계가 아니어도, 반복적이고 구체적인 피드백을 통해 행동을 변화시킬 수 있다는 점을 보여줍니다. 특히 직급 차이가 있는 상황에서도, 사실을 기반으로 한 피드백은 강력한 힘을 가질 수 있다는 것, 그리고 말이 아닌 기록과 행동이 문제 해결의 실마리가 될 수 있다는 점에서 시사하는 바가 큽니다.

또한 권력 구조 속에서 불리한 위치에 있는 직원들이 자신들의 권리를 지켜내는 현명한 전략을 보여준 의미 있는 사례이기도 합니다. 경직된 기업 문화에서도 직원의 목소리를 비난이 아닌 '사실'로 전환하면, 조직이 수용 쪽으로 움직이게 될 수 있음을 보여주었습니다.

사례 4) 토큰 이코노미 – 안전 장비 착용률 100%[7)]

"귀마개 불편하긴 한데, 익숙해지면 안 쓰는 게 더 불편해요."

이번 사례는 1980년대에 이스라엘의 연구자들이 발표한 기업의 조직적 행동 변화 사례입니다. 산업안전보건 관련하여 기업의 책무성이 강해진 지금, 우리나라 기업에 좋은 시사점을 줄 수 있는 사례라고 생각됩니다.

---

7) Zohar, D., & Fussfeld, N. (1981). A systems approach to organizational behavior modification: Theoretical considerations and empirical evidence. International Review of Applied Psychology, 30(4), 491-505. doi: https://doi.org/10.1111/j.1464-0597.1981.tb00171.x (검색일: 2025. 7. 29.)

사례에 등장하는 기업은 180인 규모의 텍스타일 공장이었는데, 오랜 골칫거리를 안고 있었습니다. 직원들이 좀처럼 청력 보호대를 착용하지 않으려 했던 것입니다. 생산 설비의 소음은 규정상 보호장비 착용이 필수일 만큼 컸지만, 직원들의 대부분은 이를 무시했습니다.

회사 측은 '벌칙'으로 문제를 해결하려 했습니다. 착용하지 않으면 경고장을 발부하고, 누적되면 인사상의 불이익도 주겠다고 했습니다. 하지만 효과는 없었습니다. 직원들은 관리자의 눈을 피해 다녔고, 보호대는 책상이나 작업복 주머니에만 들어 있었습니다.

직원들이 착용하기 편안한 새로운 보호대를 구매하는 방법도 생각해 봤지만 비용이 너무 컸습니다. 결국 회사는 외부 전문가 두 명(Zohar와 Fussfeld)을 고용해 문제를 분석하기로 했습니다. 이들은 직원들을 면담하며 질문했습니다.

"왜 청력 보호대를 착용하지 않으십니까?"

→ "불편해서요. 답답하고, 귀가 아파요."

"착용하시는 분은 왜 계속 착용하시는 건가요?"

→ "처음엔 불편했지만 곧 익숙해졌어요. 지금은 오히려 안 하면 기계 소음이 너무 괴로워요."

이 단순한 진실이 중요한 열쇠였습니다. 초기의 불편함만 적응하면 금방 개선될 수 있는 행동이었습니다. Zohar와 Fussfeld는 다음과 같은 조치를 제안했습니다. "청력 보호대를 착용하면 토큰을 드리겠습니다. 토큰이 모이면 회사 매점에서 일용품과 교환할 수 있습니다."

정책은 즉시 시행되었습니다. 착용할 때마다 토큰이 지급되었습니다. 모은 쿠폰은 개수에 따라 직원들이 직접 원하는 물품으로 교환할 수 있었습니다. 처음엔 휴지, 세제, 간식류 같은 단순한 물품부터 시작했지만, 교환

가능한 품목은 점차 다양해졌습니다.

효과는 놀라웠습니다. 시행 단 1주일 만에 청력 보호대 착용률은 100%에 도달했습니다. 두 달 후, 토큰 제공이 중단됐는데도 착용률은 95% 이상의 수준으로 유지됐습니다. 이미 보호대 착용에 익숙해진 직원들은 불편을 느끼지 않았고, 오히려 보호대를 착용하지 않았을 때의 소음을 견디기 어렵게 된 것입니다. 이후 입사한 신입사원들도 정착된 문화를 따라 자발적으로 보호대를 착용했습니다.

결과적으로 이 공장은 보호대를 새로 구매하는 것보다 훨씬 적은 비용으로 큰 행동 변화를 이끌어냈습니다. 벌칙보다 보상, 강제보다 습관, 명령보다 경험을 중시하는 접근이 지속적인 행동 변화를 만든 것입니다.

A. 산업

이스라엘에 위치한 텍스타일 제조 공장입니다.

B. 기업 규모

300인 미만 규모의 공장이며, 생산 설비의 소음 수준이 높아 청력 보호구 착용이 법적으로 요구되는 사업장입니다.

C. 배경

해당 공장은 오랜 기간 근로자들의 청력 보호대 착용률이 낮아 골머리를 앓고 있었습니다. 소음은 유해할 만큼 컸지만, 직원 대부분이 보호대를 착용하지 않았습니다. 회사는 벌점, 경고장 등 처벌 중심의 대책을 반복했으나 효과는 없었습니다.

D. 도전과제

근로자들은 보호대가 불편하다는 이유로 사용을 꺼렸습니다. 착용하는 일부 직원은 "불편하긴 하지만 적응하면 괜찮고, 오히려 착용하지 않으면 소음이 더 괴롭다"고 말했습니다. 회사는 착용률을 높이기 위한 실질적 동기부여 수단이 필요했고, 근로자들의 자발적 행동을 유도하는 전략이 절실했습니다.

E. 해결 전략

회사 측은 행동과학자 Zohar와 Fussfeld를 초청해 원인을 조사하고 개입 방안을 수립했습니다. 이들은 보호구 착용자와 미착용자를 인터뷰한 결과, 착용 여부는 '의지'보다 '초기 불편감'이 핵심이라는 점을 발견했습니다. 이에 따라 다음과 같은 간단한 보상 제도를 도입했습니다. 청력 보호대를 착용하면 토큰 하나씩을 지급했습니다. 토큰은 모아서 개수에 따라 종이 타월, 세제, 간식 등 직원들이 실제로 원하는 생활용품으로 교환 가능했습니다. 이렇게 토큰이 1차적인 보상, 이후 교환하는 물품이 2차적인 보상이 되도록 한 것입니다. 같은 돈을 쓰더라도 이렇게 이중 보상으로 중첩이 되면 효과는 더욱 커질 수 있습니다.

기업은 이렇게 작은 토큰을 통해 비록 보상은 소소하지만, 반복적 행동 강화 효과를 노렸습니다. 보상 정책은 전 직원에게 동일하게 적용되었고, 사용 여부는 눈으로 쉽게 확인되는 보호구 특성 덕분에 객관적으로 측정이 가능했습니다.

F. 성과

보상 정책 도입 후 단 1주일 만에 청력 보호대 착용률은 100%에 도달했습니다. 두 달 후 토큰 제공이 중단된 이후에도 착용률은 95% 이상으로 거의 유지되었습니다. 이미 보호구에 적응한 직원들이 착용하지 않았을 때의 소음을 참기 힘들어했기 때문입니다. 나아가, 정책 종료 이후 입사한 신입 직원들도 기존 문화를 자연스럽게 따르게 되었고, 공장 전반에 보호대 착용이 '기본값'으로 자리 잡았습니다.

G. 시사점

이 사례는 처벌 중심의 접근보다 보상 기반의 유도 전략이 훨씬 효과적이라는 점을 잘 보여줍니다. 많은 조직이 직원에게 "하지 말라"고 말하지만, 진짜 변화는 "그렇게 하니 좋다"고 알려줄 때 시작됩니다. 사람은 강압보다 인정과 보상에 더 잘 반응합니다. 특히 불편을 동반하는 초기 단계의 행동 변화는, 소액의 보상만으로도 견딜 수 있는 계기를 만들어줍니다. 그 견디는 시간이 지나면, 스스로도 그 행동이 더 낫다고 느끼게 되고, 결국 보상 없이도 유지되는 자율적 행동이 됩니다.

"우리가 원하는 행동이 무엇인가?" 그 질문에 대한 대답이 있다면, 그 행동을 한 직원에 대해 '작게라도 인정하고 보상하는 것', 그것이 조직 차원에서 사람을 바꾸는 강력한 방법이 될 수 있습니다.

행동을 바꾸는 힘은 '처벌'이 아닌 의미 있는 반응에 있습니다. 직원에게 바람직한 행동을 유도하는 방법은 오랜 기간 인사관리의 중심 과제였습니다. 많은 조직이 규칙을 만들고, 이를 어기면 처벌하는 방식으로 행동을 관리하려 합니다. 그러나 이 장에서 살펴본 사례들은, 처벌보다도 작고 명확한 보상이나, 일관된 피드백이 훨씬 더 강력한 행동 변화의 촉진제가 될 수 있음을 보여줍니다.

국내의 사례를 보면, 모 요식업장의 장갑 폐지 및 손 씻기 유도 전략 또한, 잘못된 행동을 지적하기보다는 '왜 행동 교정이 필요한지'에 대한 체감적 이해를 제공하는 방식으로 실행되었습니다. 어느 중소기업에서는 직원들이 부적절한 언행을 자행하던 임원진의 행동을 사실 기반의 조용한 피드백만으로 변화시켰습니다.

이스라엘 공장의 청력보호대 사례는 상징적입니다. 불편함 때문에 외면받던 보호장비가, 단순한 보상 체계를 통해 '착용이 더 편한 상태'로 인식되기까지 그리 오랜 시간이 걸리지 않았습니다. 북유럽 사업장의 '난간 잡기' 피드백 사례 역시, 감시 목적이 아닌 직원의 안전을 위한다는 정당성 아래 구체적이고 반복적인 피드백을 준 것이 자율적인 행동 변화로 전환될 수 있음을 증명합니다. 징계나 규율 없이도, 구성원 스스로 더 나은 행동을 선택하게 만드는 환경 조성이 핵심이었습니다.

이 사례들은 모두 하나의 공통된 메시지를 담고 있습니다.

"사람은 처벌보다 의미 있는 반응에, 감시보다 공감에 반응한다."

조직이 원하는 행동을 직원에게 기대한다면, 그 기대는 처벌 조항이 아닌 의미 있는 반응으로 표현되어야 합니다. 작게라도 보상하거나, 꾸준하게 피드백하고, 바르게 행동할 기회를 주는 것이 지속적인 행동 변화를 이끌어내는 힘입니다.

중소기업은 특히 구성원 간 거리가 가까운 조직입니다. 누군가를 억압하거나 벌을 주기보다는, 좋은 행동을 칭찬하고, 반복적으로 알려주고, 행동을 바꿀 수 있는 환경을 만들어주는 방식이 더욱 적합합니다. 직원이 '이 회사는 내가 좋은 행동을 할 때 그걸 알아봐 준다'는 확신을 갖게 될 때, 조직은 단단해지고 자발적 변화는 시작됩니다.

변화는 일방적인 지시만으로 만들어 갈 수 없습니다. 처벌이 아니라 적절한 반응과 신뢰가 행동을 바꿉니다. 이 장의 사례들은 그 점을 조용히, 그러나 분명히 보여주고 있습니다.

X.
MZ 세대와 소통하기

최근 여러 기업에서 'MZ 세대와의 소통'을 인사관리의 주요 과제로 꼽고 있습니다. 이전 세대가 당연하게 여겼던 직장 내 예절이나 규범, 조직문화에 대해 MZ 세대는 때때로 고개를 갸웃하거나, 오히려 문제를 제기하기도 합니다. 상사의 지시에 왜 그렇게 해야 하냐고 되묻거나, 일상적인 피드백에도 예민하고 부정적으로 반응하고, 동료 직원들과의 관계에도 일정 거리를 두는 경우도 많습니다.

더욱이 일부 MZ 세대 직원들은 일상적인 사회생활의 상식조차 아직 온전히 체득하지 못한 모습으로 조직에 입사하기도 합니다. 상호 존중, 시간 개념, 대면 소통 등에서 아쉬움을 보이는 경우도 점점 늘고 있습니다. 이런 현상은 단순히 '버릇이 없다'거나 '요즘 애들은 이렇다'는 식으로 치부할 문제가 아닙니다.

중요한 점은, 이들을 '문제'로만 바라보지 말고, 조직이 개선되어야 할 관행과 문화를 되짚어보는 기회로 삼는 것, 그리고 사회인으로서 갖춰야 할 상식을 자연스럽게 익힐 수 있도록 조직적으로 돕는 것이 진정한 인력 관리라는 사실입니다.

어쩌면 MZ 세대의 언행이 불편하게 느껴지는 이유는, 우리가 너무 익숙하게 받아들였던 조직 내부의 문화가 사실은 시대 변화에 맞지 않게 경직되어 있었기 때문일지도 모릅니다. 반대로 상식의 범주를 벗어나는 일부 MZ 직원의 모습은 채용 이후 교육과 피드백이 충분하지 않았음을 드러내는 신호일 수 있습니다.

이 장에서는 세대 차이를 넘어서, 조직 구성원 간 이해와 신뢰를 어떻게 쌓아갈 수 있는지에 대해 이야기합니다. 특히 상식에서 조금 벗어난 MZ 직원에 대해 무작정 지적하거나 배척하는 대신, 공감과 설득, 피드백과 제도 개선을 통해 조직 안에서 함께 성장할 수 있는 여지를 만드는 방법에 주목합니다.

MZ 세대는 달라서 문제가 아니라, 다르기 때문에 조직에 새로운 질문을 던져주는 존재입니다. 그 질문에 성숙하게 답하는 조직이 결국 더 건강하게 진화해 나갈 수 있습니다. MZ 세대가 불편하더라도, 결국 조직은 계속 그런 MZ 세대와 함께 일해야 합니다. 더는 입맛에 맞는 직원만 데리고 일할 수가 없습니다. 리더십을 가진 사람들이 MZ 세대에 적응해야 합니다. 이 장은 그 출발점을 함께 고민하고자 합니다.

사례 1) 감정보다 관계의 원칙 – 직원의 고백에 대응하기

"나는 OO 씨를 연애 대상으로 생각해 본 적 없습니다."

10인 미만의 지방 카페에서 실제로 있었던 사례입니다. 이 카페는 사장이 직접 운영하는 매장으로, 직원들과 사장 사이의 심리적 거리가 비교적 가까운 환경이었습니다.

사건은 20대 초반의 여성 직원이 30대 후반의 남성 사장에게 개인적인 감정을 고백하면서 시작되었습니다. 사장은 당황스러웠습니다. 단순히 감정을 거절하는 데서 끝날 문제가 아니었습니다. 소규모 사업장에서 감정 표현이 잘못 관리되면, 업무 분위기가 흐트러지고 팀워크에도 영향을 줄 수 있었기 때문입니다. 사장은 감정을 이유로 직장을 그만두게 만들 수도 없고, 그렇다고 직원의 감정을 받아들이는 것은 더더욱 적절치 않다고 느꼈습니다.

사장은 우선 조용히 직원을 불러서 업무 관계에서 연애 감정은 적절하지 않다고 설명했습니다. 하지만 직원은 "그럼 제가 카페를 그만두면 사귈 거예요?" 하고 되물었습니다. 사장은 단호하게 "그럴 생각은 없다. 내 나이에 ○○ 씨 나이의 사람을 사귀는 건 적절하지 않다고 생각한다"고 답했습니다. "○○ 씨를 그런 식으로 생각해 본 적이 없다"는 말도 덧붙였습니다.

그러자 직원은 "남자는 다 어린 여자 좋아하지 않냐"며 볼멘소리를 했습니다. 사장은 계속 침착함을 유지하면서 대답했습니다. "그건 남자에 대한 편견이고, 동시에 모욕이다. 상식적인 남성이라면 어린 나이를 이유로 여성을 좋아하지 않는다. 그런 사람은 또래 여성에게 선택받지 못할 만큼 성숙하지 못한 삶이기 때문에, 연애 경험이 적은 어린 여성에게 접근하는 것이다"라고 설명했습니다.

직원은 되물었습니다. "그럼 나이 차이 나는 커플은 다 비정상이라는 건가요?"

사장은 다시 차분하게 설명했습니다. "물론 그런 커플도 있다. 뭐가 됐건 다른 이유로 상대를 깊이 좋아하게 됐는데, 좋아하고 보니 나이 차이가 있었던 커플. 그런데도 너무 좋아서 나이 차이를 극복하고 만나는 커플도 있을 순 있다. 내가 한 말의 의미는 어린 나이를 이유로 누군가를 좋아한다는 게 상식적이지 않다는 거다. 어리니까 좋다고 하는 건 그 자체로 위험한 태도다."

직원은 사장의 설명에 대해 한동안 깊이 생각하는 듯했습니다. 그 후에는 사장이 하는 말을 잘 알겠다며, 자신의 했던 말을 잊고 예전처럼 대해 줄 수 있겠냐고 물었습니다. 사장은 "방금 무슨 일이 있었냐?"며 직원을 안심시켰습니다.

사장은 이런 대화를 통해 직원의 감정을 무시하지 않되, 상식과 원칙에 기반해 조율해 나갔습니다. 계속 감정적으로 다가가려던 직원은 사장이 긋는 명확한 선을 느꼈고, 가능성이 없음을 받아들였습니다. 이 대화 이후, 두 사람은 적절한 거리를 유지하면서도 업무적으로는 전보다 더 명확한 역할과 태도를 유지할 수 있게 되었습니다.

이 사례는 감정적인 상황에서도 원칙을 지키고, 사회적 상식에 기반한 태도로 대응함으로써 관계를 망치지 않고 유지하는 방법을 보여줍니다. 사장이 무작정 직원의 철없음을 '혼내는' 방식으로 접근했다면 직원은 감정적으로 크게 상처를 입고, 앙심을 품을 수도 있었습니다. 상식과 가치관이 다를 수 있는 MZ 세대와의 소통에서 중요한 태도가 무엇인지를 잘 설명해주는 사례입니다.

A. 산업

요식업 분야에 해당하는 카페입니다. 직원 간, 사장과 직원 간 거리가 물리적·심리적으로 가까운 환경으로, 관계의 균형이 조직 분위기에 큰 영향을 미치고 있습니다.

B. 기업 규모

10인 미만의 사업장으로, 사장이 인사·운영·교육 전반을 직접 맡고 있었습니다. 빠른 대응과 개별 직원에 대한 면밀한 관찰이 가능한 곳이지만, 동시에 비공식적 대화나 감정적 접근이 일어나기 쉬운 환경이기도 했습니다.

C. 배경

20대 초반의 여성 직원이 사장에게 연애 감정을 고백했습니다. 그 고백은 단순한 감정 표현을 넘어 직장 내 관계와 업무 운영에 영향을 줄 수 있는 민감한 사안이었습니다. 직원은 사회 경험이 적었고, 업무적 관계에서 지켜야 할 상식이 부족했습니다.

D. 도전과제

사장은 직원의 감정을 무시하거나 상처 주지 않으면서, 동시에 직장 내 관계 원칙을 명확히 세워야 했습니다. 특히 소규모 조직 특성상 감정의 불균형이 업무 전체에 미칠 수 있었기 때문에, 상식에 기반한 원칙을 세워주면서도 감정을 다독이는 균형이 필요했습니다.

E. 해결 전략

사장은 감정을 일방적으로 거절하기보다는, 왜 업무 관계에서 연애가 적절하지 않은지를 조리 있게 설명했습니다. 또한 "남자는 어린 여자를 좋아하지 않냐"는 질문에는 사회적 통념과 개인적 원칙을 구분하여 설명하면서, 성숙한 연애와 미성숙한 연애의 차이를 밝혔습니다. 감정적 언쟁으로 흐르지 않도록 조용하고 차분한 어조를 유지하며, 상대의 자존심을 해치지 않도록 했습니다.

이런 상황을 겪은 연장자가 흔히 할 수 있는 희망 고문 발언을 하지 않은 점도 현명한 선택이었습니다(예: "○○ 씨처럼 멋진 여자가 나를 좋아해줘서 고맙다."). 이런 발언은 어쩌면 연애 상대로 여겨질 수도 있다는 착각을 고백한 사람에게 심어줄 수 있고, 함께 일하는 사람으로서 유지해야 할 적절한 거리감을 무너뜨릴 수 있습니다.

F. 성과

직원은 감정을 정리할 수 있었고, 이후 더 책임감 있는 태도로 업무에 임했습니다. 사장과 직원은 일정한 거리를 두고 관계를 유지했으며, 매장 분위기 역시 안정적으로 유지됐습니다. 불필요한 감정의 소용돌이를 피하면서도 사회적 상식을 전파할 수 있었던 대화였고, 그 자체로 교육적 효과도 있었습니다.

G. 시사점

이 사례는 사회적 경험이 부족한 젊은 직원에게 그들의 눈높이에 맞는 말로 현실을 전달하는 것이 얼마나 중요한지를 잘 보여줍니다. 단순히 문제로 보지 않고, 이를 계기로 사회적인 규범과 원칙을 알려주는 '조직 내 소통'의 기회로 삼는 것이 성숙한 인력 관리의 한 방식이라는 시사점을 줍니다. 감정이 섞인 민감한 상황에서도 상대를 존중하면서 상식을 지켜가는 태도는 조직 내 성숙한 문화를 조성하고, 성숙한 직장 내 관계를 유지하는 데 중요한 역할을 합니다.

사례 2) 골치 아픈 민원 – 고용계약서 개선의 기회

"좋은 지적이었습니다. 고맙습니다."

국내의 50인 미만 중소기업에서 있었던 실제 사례입니다. 이 회사는 고용계약서에 직원의 '담당 업무'를 명시할 때, 일반적으로 몇 가지 주요 업무 항목을 적고 마지막에는 '등'이라는 표현을 덧붙이는 관행을 유지해 왔습니다. 예컨대 "○○기획, △△운영, 기타 이에 부수되는 업무 등"과 같은 식이었습니다. 중소기업의 특성상 직원들이 유연하게 여러 역할을 수행해야 하는 경우가 많기 때문에, 명시된 범위를 넘어서도 업무 지시가 가능하도록 하기 위한 문구였습니다.

하지만 입사한 지 얼마 되지 않은 한 신입 직원이 문제를 제기했습니다. 사무직으로 입사한 그는 고용계약서에 구체적으로 언급되지 않았던 업무를 지시받자, 그것이 부당한 지시라며 반발했습니다. “처음부터 내가 해야 할 업무가 정확히 무엇인지 설명해 줬어야 한다”는 것이 그의 주장이었습니다.

이에 대해 사측은 ‘등’이라는 표현이 그 외의 업무 지시도 가능하게 하기 위한 통상적인 문구라고 설명했습니다. 하지만 직원은 다시 반문했습니다. “그럼 계약서에 ‘등’ 하나만 넣었다고, 무슨 일을 시켜도 다 괜찮다는 건가요? 그건 독소 조항 같은데요?”

이 직원의 말에 사장도 잠시 멈칫했습니다. ‘등’이라는 표현을 법적으로 방어 수단으로 사용해 왔지만, 분명히 그 안에 모호성과 자의 해석의 여지가 존재했던 것도 사실이기 때문입니다.

사장은 직원의 주장을 수용했고, “지금까지 계약서에 이런 표현을 써 온 건 회사의 조치가 미흡했던 것이 맞다”며 인정했습니다. 곧이어 다음과 같은 제안을 했습니다. 먼저 앞으로는 혼란을 줄일 수 있도록 고용계약서의 담당 직무 항목을 구체화하겠다고 약속했습니다.

또한, 만약 직원이 구체적으로 명시된 업무 외의 일을 할 의향이 없다면, 계약서를 수정하여 ‘등’을 삭제하고, 그에 맞춰서 연봉을 다시 책정해서 계약할 수 있다고 제안했습니다. 회사 입장에서는 생산성에 대비하여 급여를 지급하는 게 타당한데, 직원이 하고자 하는 업무가 딱 명시된 그 영역뿐이라면 지금 계약서에 적힌 연봉만큼을 지급하기는 어렵다고 설명했습니다. 반대로 지금 계약서에 적힌 연봉을 유지하되, 적절한 범위 내에서 ‘등’의 영역에 해당하는 업무를 함께 수행하는 선택지도 있다고 덧붙였습니다.

직원은 연봉을 유지하는 쪽을 받아들였고, 대신 그 '적절한 업무 범위'가 어디까지인지를 최대한 명확히 설정해 달라고 요청했습니다. 사장은 그 제안에 감사의 뜻을 전하며 "좋은 건의를 해줘서 고맙다"고 말했습니다. 직원은 사장의 말에 다소 얼떨떨해하면서도, 긍정적으로 받아들이는 모습을 보였습니다.

이 작은 갈등과 대화는 회사 내 인사 시스템의 전환점을 만들었습니다. 그 이후, 각 부서별로 담당 업무와 책임 영역이 보다 구체적으로 정리되었고, 고용계약서에도 구체적인 직무 기술서(Job Description)가 첨부되기 시작했습니다. 직원과 회사가 서로 무엇을 기대하고, 무엇을 제공하는지를 명확히 공유하게 된 것입니다.

A. 산업

제조업 기반의 중소기업이지만, 사무직과 관리직 비중도 높은 편입니다. 다양한 직무가 협업하는 조직에서 직무 범위의 유연성이 요구되는 환경이었습니다.

B. 기업 규모

50인 미만의 사업장으로, 의사결정 체계가 단순하고 경영진과 직원 간의 거리도 가까운 편이었습니다. 직무에 대한 공식적 기준보다는 구두 지시나 관행에 의존하는 경향이 있었습니다.

C. 배경

기존 고용계약서에는 주요 업무를 몇 가지만 나열한 후 '등'이라는 표현을 통해 기타 업무에 대한 지시가 가능하도록 해왔습니다. 하지만 신입 직원은 이 문구의 모호성에 이의를 제기하며 부당 지시 논란을 제기했습니다.

D. 도전과제

사장은 직원이 느끼는 불신을 해소해야 하면서도, 동시에 유연하게 업무를 배정할 수 있는 권한도 어느 정도 유지하고 싶었습니다. 법적 방어보다는 신뢰에 기반한 소통이 필요한 상황이었습니다.

E. 해결 전략

사장은 직원의 주장을 일축하지 않고, 회사의 조치 미흡을 인정했습니다. 앞으로는 고용계약서의 업무 항목을 구체적으로 명시하되, 그에 따라 보상 수준도 조정할 수 있다는 현실적인 선택지를 제시했습니다. 직원은 이를 수용하며 그가 담당해야 할 업무의 명확한 범위 설정을 요청했고, 사장은 이를 받아들였습니다.

F. 성과

갈등은 원만하게 해소되었고, 이 계기를 통해 전체 회사 차원에서 업무 분장 체계가 구체화되었습니다. 담당 업무별 문서화가 진행되었고, 직원의 기대와 회사의 요구가 사전에 조율되는 시스템으로 개선되었습니다. 직원 간 역할 혼란이 줄어들고, 관리직들이 아무 직원에게나 아무 업무를 맡기던 관행도 사라져 갔습니다. 덕분에 불필요한 오해와 갈등이 줄어들었으며, 각자 제 역할을 맡아서 수행한다는 신뢰의 문화가 형성되기 시작했습니다.

G. 시사점

이 사례는 법적 문구 하나가 현장의 신뢰를 흔들 수도, 개선의 계기가 될 수도 있다는 사실을 잘 보여줍니다. '등'이라는 글자가 담고 있는 불확실성은 현실적 유연성을 위해 필요했을 수 있지만, 명확성을 중시하는 세대에게는 불안 요소가 되기도 합니다.

보는 관점에 따라 사례 속 직원의 지적은 그저 골치 아픈 악성 민원처럼 다뤄질 수도 있었습니다. 하지만 사장은 그 지적을 '갈등'의 씨앗이 아닌, 조직을 더 발전하게 할 수 있는 기회로 받아들였습니다.

중소기업이 업무의 유연성을 유지하되, 직원과의 신뢰를 확보하려면 계약서 하나도 주의 깊게 설계해야 합니다. 신입 때부터 그 직원이 맡아야 할 업무 영역을 구체적으로 설명하여, 직원이 자신의 역할이 무엇인지 명확하게 인지하도록 해야 합니다. 과거와는 달리, 이제는 상사가 무작정 지시한다고 직원이 따르는 시대가 아닙니다. 직원이 인지하는 본인의 영역과 회사가 기대하는 영역이 서로 잘 매칭되도록 미리부터 직원에게 설명하고 이해시키는 과정을 거치는 것이 좋습니다.

사례 3) 정석이 최선이다 – 반복적 허위신고에 대한 단호한 대응

"조직의 정의는 누구에게나 공정하게 적용돼야 합니다."

호주의 한 50인 미만 사무직 중심 중소기업에서 있었던 사례입니다. 이 기업은 평소 비교적 수평적이고 자유로운 분위기를 지향해 왔으며, 직원들의 제안이나 고충 제기를 적극적으로 수용하는 내부 제도를 갖추고 있었습니다. 그러나 어느 시점부터 한 직원이 지속적으로 동료나 상사에 대한 직장 내 괴롭힘 신고를 반복하는 일이 벌어졌습니다. 회사는 첫 신고부터 아예 외부 조사관에게 의뢰하여 신중하고 공정한 조사가 이뤄지도록 했습니다. 명확하게 사실관계를 확인한 뒤, 사건을 괴롭힘으로 볼 수 없다는 근거를 바탕으로 신고를 종결 처리했습니다.

하지만 이 직원은 단 한 건의 신고가 처리되기도 전에 또 다른 사람을 대상으로 새로운 신고를 이어갔고, 그 패턴은 계속되었습니다. 하지만 지속적인 신고에도 불구하고, 실제로 확인되는 위반 사례는 없었습니다. 이렇듯 사건이 성립되지 않은 신고 건이 반복되면서, 의도적인 허위신고를 의심할 수 있는 상황이 되었습니다. 사측 담당자와 외부 전문가는 해당 직원을 직접 면담하며 지금까지 그가 신고했던 사건들의 조사와 조치 결과를 통보했습니다. 모든 신고가 기각된 이유와 객관적 근거를 조목조목 제시했습니다.

그러자 해당 직원은 외부 전문가가 사측의 돈을 받기 때문에, 사측이 원하는 대로 결과를 써준 것이 아니냐며 조사 결과를 폄훼했습니다. 이에 외부 전문가는 그의 발언이 자신의 전문성과 윤리를 의심한 것이며, 전문가로서의 명예를 훼손한 모욕이라고 단호히 대답했습니다. 그의 부적절한 발언이 법적 조치의 대상이 될 수 있음을 설명해 주기도 했습니다. 그때부터 허위 신고인은 더 이상 억지를 부릴 수 없었습니다. 그가 여러 차례 부적절한 신고를 한 것이 조직문화를 훼손하고, 동료에게 고통을 가하는 행위임이 인정되었고, 이후 징계위원회를 거쳐 그의 해고가 결정되었습니다.

이 사례는 허위신고에 대한 최선의 방어가 사측의 일관되고 정석적인 조치임을 보여줍니다. 객관적이고 공정하며 정석적인 조치를 통해 여러 건의 신고가 모두 부적절한 신고였음을 입증했고, 이를 통해 축적된 자료로 악성 민원인에 대한 징계 조치를 시행할 수 있었던 것입니다.

A. 산업

호주에 위치한 사무직 중심의 민간 기업으로, 분류상 서비스업에 해당합니다.

B. 기업 규모

직원 수는 50인 미만으로, 전형적인 중소 규모 사무직 사업장이었습니다. 관리자와 직원 간의 거리가 가까워, 고충 처리 체계가 내부적 신뢰에 기반해 운영되고 있었습니다.

C. 배경

악성 민원인이 반복적으로 다른 직원들을 대상으로 각종 부당행위를 신고하였고, 내용은 주로 성희롱, 언어폭력, 괴롭힘, 직권남용 등이었습니다. 하지만 그중 어떤 것도 사실로 확인되지 않았습니다.

D. 도전과제

신고 제도를 악용하는 직원에 대해 어떻게 공정하게 대응할 것인가가 관건이었습니다. 자칫 강하게 제재할 경우 '직원 목소리를 억압한다'는 인식을 줄 수 있었고, 그렇다고 방치하면 조직문화가 흔들릴 위험도 있었습니다.

E. 해결 전략

회사 측은 외부 전문가를 채용해 모든 신고 건에 대해 공정하고 객관적인 조사를 진행했습니다. 전문가는 인터뷰, 증거 검토, 행위의 의도 파악 등 다면적 검토를 통해 모든 신고가 사실이 아니었으며, 부적절한 신고라는 결론을 도출했습니다.

이후 전문가와 사측이 신고인에게 모든 사안의 조사와 처리 결과를 투명하게 설명했습니다. 허위 신고인이 반발하며 외부 전문가마저 모욕하자, 법적 대응 가능성까지 명확히 제시하며 사안의 무게를 인식시켰습니다.

상습적인 부적절 신고가 조직문화를 훼손시키고, 동료들에게 고통을 주는 행위임을 입증하여 악성 민원인을 해고 조치할 수 있었습니다.

F. 성과

사실관계를 근거로 한 단호한 대응 덕분에 조직 내 고충 처리 체계는 신뢰를 회복했고, 무분별한 신고의 악용 가능성에 대해 선례를 남겼습니다. 허위신고로 피해를 겪은 직원들도 명예를 회복했으며, 제도에 대한 믿음이 형성되었습니다.

G. 시사점

직원 보호를 위한 고충 처리 시스템은 매우 중요하지만, 그것이 악의적으로 오용될 경우 구성원 간 신뢰와 조직 안정성 모두가 무너질 수 있습니다. 이 사례는 그런 악성 민원인에 대해 단호함과 공정성을 갖추고 정석으로 대응하는 것이 얼마나 중요한지를 보여줍니다. 사측이 자체적으로 조사하지 않고 외부 전문가를 활용한 것도 바로 공정성과 객관성, 전문성을 확보하기 위해서였습니다. 신뢰 기반의 고충 처리 시스템을 보호하기 위해, 기꺼이 막대한 외부 전문가 비용을 감당한 것입니다.

국내에는 악성 민원에 쏟아야 하는 자원이 아깝고, 골치 아픈 일에 얽매이기 싫어서 악성 민원인에게 피신고인을 희생양으로 내주는 사업장이 적지 않습니다. 그런 사업장의 성찰을 유도하는 사례로 볼 수 있습니다.

사례 4) 연봉은 시간의 대가가 아니다 – 고연봉 요구하는 신입 직원 대응하기

"회사는 야근을 보상하는 곳이 아니라, 생산성을 보상하는 곳입니다."

한 중소기업에서 있었던 일입니다. 직원 수는 100인 미만인 기업으로, 직원에게 각자의 역할과 책임에 대해 자율성과 동시에 명확한 기준을 강조하는 곳이었습니다.

어느 날, 입사한 지 갓 1년이 지난 신입 직원이 사장에게 연봉 협상 요청을 해왔습니다. 그가 요구한 액수는 무려 연 1억 원이었습니다. 이는 회사 내 임원급 수준의 연봉이었기 때문에, 사장은 의아해하며 직원에게 직접 그 근거를 물었습니다. 직원은 자신이 소속된 부서에서 유일하게 야근을 하고 있으며, 해당 부서가 회사의 영업이익 상당 부분을 차지하고 있다고 주장했습니다. 따라서 자신이 기여하는 가치를 고려할 때, 연봉 1억 원 정도가 타당하다는 것이었습니다.

사장은 직원에게 가장 열심히 만든 작업물을 보여달라고 요청했습니다. 그리고 그 작업을 완료하는 데 소요된 시간도 함께 물었습니다. 직원은 며칠에 걸쳐 야근하며 만든 자료라고 대답했습니다. 사장은 "잠시 시간을 재면서 기다려 달라" 한 뒤, 약 30분 만에, 그는 그 직원이 제출한 것보다 품질 면에서 더 나은 작업물을 만들어 냈습니다. 그 작업물을 직원에게 보여주며 사장은 이렇게 말했습니다.

"회사는 사무실에서 몇 시간을 머물렀느냐가 아니라, 얼마나 생산성을 냈느냐로 보상합니다. ○○ 씨는 며칠간 야근하며 만든 이 작업물을 내놓았고, 저는 30분 만에 이걸 만들었습니다. 이것이 바로 생산성의 차이입니다. 그래서 임원급과 신입의 연봉이 다른 겁니다."

직원은 반문했습니다. “그렇다면 임원이 직접 하면 되지 왜 저한테 하라고 지시하는 건가요?”

사장은 설명했습니다. “임원은 모두 ○○ 씨보다 나이가 많고, 먼저 회사를 떠날 겁니다. ○○ 씨처럼 젊은 직원이 신입 단계부터 차근차근 실력을 쌓아서 임원급처럼 일할 수 있게 되어야 회사에도 미래가 있습니다. 지금은 연봉 차이가 나지만, ○○ 씨가 성장하면서 그 격차를 줄여가는 것입니다.”

직원은 자신의 요구가 무리했음을 인정했습니다. 사장은 이어서 다음과 같이 제안했습니다. “만약 올해 남은 기간 동안 야근 없이도 지금 수준의 실적을 유지할 수 있다면, 그건 ○○ 씨의 생산성이 높아졌다는 뜻입니다. 그러면 내년 연봉을 지금보다 ○% 인상해 주겠습니다. 그 정도면 만족하겠습니까?”

직원은 이 제안을 수용했고, 이후 더 나은 작업 방식과 자기 관리에 집중하며 긍정적인 성장을 이어갔습니다.

A. 산업

해당 기업은 산업 부문 공개를 원치 않았습니다.

B. 기업 규모

100인 미만의 중소기업으로, 사장이 직접 직원과의 소통을 주도하며 성과 관리와 피드백을 담당하고 있습니다. 사무직 기반의 직무와 생산성 중심의 평가 시스템으로 인력을 관리하는 곳이었습니다.

C. 배경

입사한 지 갓 1년이 지난 신입 직원이 자신의 야근 시간과 부서 기여도를 근거로, 회사 내 최고 연봉 수준에 해당하는 연 1억 원을 요구했습니다. 회사로서는 수용하기 어려운 요구였으나 무시하거나 일축하기보다는 교육적 피드백의 기회로 삼고자 했습니다.

D. 도전과제

경험이 적은 신입 직원은 연봉 체계와 생산성 간의 관계를 충분히 이해하지 못하고 있었습니다. 회사 입장에서는 이 직원이 이해할 수 있도록 현실적인 기대와 기준을 명확히 전달해야 했습니다.

E. 해결 전략

사장은 직원의 눈높이에 맞춰 직접 비교 가능한 방식으로 설명을 시도했습니다. 신입 직원이 며칠간 야근하며 만든 작업물과 자신이 30분간 만든 작업물을 나란히 보여주면서, '노력 시간'이 아닌 '산출물의 질'이 보상의 기준임을 눈으로 확인시켰습니다. 아울러 신입 직원의 성장 가능성과 장기적인 역할에 관해 설명하며, 정서적 상처 없이 자연스럽게 기대 조정을 유도했습니다. 또 장기적 개선 가능성을 열어 두고 구체적 조건(야근 없이 생산성 유지)을 제시해 향후 보상 논리도 명확히 전달했습니다.

F. 성과

직원은 자신의 요구가 과도했음을 스스로 인식하게 되었고, 이후 더 나은 업무 수행을 위해 주도적으로 노력하게 되었습니다. 회사는 이 사례를 계기로, 단순한 거절이나 권위적 설명이 아닌 '시각적이고 논리적인 피드백'이 젊은 직원에게 훨씬 효과적이라는 점을 재확인했습니다. 결과적으로 조직 내 신뢰는 훼손되지 않았고, 해당 직원도 좋은 성장을 이어갔습니다.

G. 시사점

이 사례는 MZ 세대 구성원이 보일 수 있는 과도한 기대나 자신의 역량에 대한 성찰 부족을 '문제'로만 보지 않고, 학습과 성장의 기회로 전환한 사례입니다. 정면 반박이나 일방적 거절 대신, 비교 가능한 결과를 통한 피드백으로 스스로 인식하도록 유도하는 방식은 단기적 불만 해소뿐 아니라 장기적 동기부여에도 효과적입니다. 특히 중소기업처럼 상시 교육 시스템이 제한적인 조직에서는, 이런 피드백형 대응이 실용적이고 설득력 있는 방법이 될 수 있습니다.

MZ 세대와의 소통은 이제 중소기업 인력 관리에서 중요한 과제가 되었습니다. 이들은 직장이라는 공간에서 과거와는 다른 기대를 가지고 있으며, 상식과 역할, 보상과 관계의 기준에 대해 기존 세대가 가진 시각과 차이가 있습니다. 그러나 이 '다름'을 단지 불편한 요소로만 인식한다면, 조직은 끊임없이 갈등을 반복할 수밖에 없습니다.

이 장에서 살펴본 네 가지 사례는 모두 MZ 세대가 기존 규범에 의문을 제기하거나, 상식이라고 여겨지는 기준과 충돌하면서 발생한 실제 상황들입니다. 주목할 점은 사례 속 사장과 기업이 문제의 원인을 직원 개인의 태도나 성향으로 돌리지 않았다는 것입니다. 오히려 사측은 갈등의 바탕에 놓인 기대 차이를 이해하고, 그것을 교육적 기회로 삼으려 했습니다. 그 과정에서 조직은 더 분명한 기준을 세우고, 명확한 언어로 피드백을 전달했으며, 때로는 제도의 개선으로 이어지기도 했습니다.

즉, 이 사례들은 MZ 세대와의 갈등이 반드시 부정적인 결과로 이어지는 것이 아니라, 오히려 조직문화의 전환점이 될 수 있다는 것을 보여줍니다. 직원의 부당한 요구나 상식 밖의 반응도 진심을 담은 대화와 명확한 원칙, 그리고 균형 있는 피드백을 통해 건강하게 해결할 수 있으며, 더 나은 조직으로 나아가는 방향성을 제시해 줄 수 있습니다.

MZ 세대와 함께 일한다는 것은 이전 세대에게 익숙하던 암묵적 규칙을 다시 정의하고, 조직 내 커뮤니케이션의 수준을 한층 끌어올리는 기회이기도 합니다. 상사가 먼저 언어를 바꾸고, 설명의 책임을 다할 때, 젊은 직원들도 점차 사회인으로서의 기준과 조직 구성원으로서의 역할을 체득해 갈 수 있습니다.

이번 장이 시사하는 인력 관리의 핵심은 '무엇이 문제인가'가 아니라, '그 문제를 어떻게 다루는가'에 있습니다. 세대 차이는 피할 수 없는 현실입니다. 그것을 골치 아픈 문제점으로만 보지 말고 성장의 계기로 삼을 수 있다면, 그 조직은 단단한 내면을 가진 성숙한 조직으로 나아갈 수 있을 것입니다.

XI.
생산적인 팀워크의 조건

중소기업은 대기업보다 훨씬 적은 인원으로 더 많은 일을 해내야 합니다. 그로 인해 대기업에서는 여러 부서가 나눠 맡을 업무를 중소기업에서는 한 부서, 심지어 한 사람이 도맡는 경우도 많습니다. 이 과정에서 누가 어떤 일을 맡는 것이 타당한지 역할 구분이 모호해지고, 책임 소재도 흐려지기 쉽습니다. 일이 반복해서 특정인에게 몰리는 반면, 실적은 다른 사람이 챙기는 일이 생기고, 일하지 않는 무임승차자가 있어도 책임을 회피하기 쉬운 환경이 만들어지기도 합니다. 때로는 잘못하지 않은 사람이 억울하게 책임을 떠맡는 일도 벌어집니다.

이런 환경에서는 아무리 유능한 인재라도 버텨내기 어렵습니다. 오히려 성실하게 일하던 직원일수록 더 빨리 소진되고, 조직에 대한 소속감을 잃으며 이직을 선택하기도 합니다. 조직이 생산성을 높이기 위해서는 모든 구성원이 자신의 역할을 정확히 이해하고 충실히 수행하며, 서로 유기적으로 협력하는 구조를 갖추는 것이 중요합니다.

마냥 앞에서 '직원들에게 주인의식을 가지라'고 외치는 것으로 성과가 나는 조직이 만들어지진 않습니다. 성과와 효율성을 목표로 한 조직 설계가 필요합니다. 그런 조직을 설계하기 위해서는 끝없이 다음과 같은 질문을 던지며 고민해야 합니다.

- 우리 조직에 꼭 필요한 역할과 책임은 무엇인가?

- 각 역할에 필요한 직원의 역량과 특성은 어떤 것인가?
- 성과를 어떤 기준으로 판단할 때 직원들의 공감과 몰입을 이끌어 낼 수 있을 것인가?
- 신뢰와 인정은 어떻게 주고받을 수 있을까?

이 장에서는 중소기업들이 이와 같은 과제를 어떻게 풀어냈는지 사례를 통해 살펴봅니다. 업무를 어떻게 재설계했는지, 신뢰를 어떻게 회복했는지, 팀워크는 어떤 과정을 거쳐 만들어졌는지에 주목합니다.

성과가 나는 팀은 우연히 생기는 것이 아닙니다. 직원 혼자서 열심히 한다고 만들어지지도 않습니다. 조직이 의도성과 방향성을 갖고 만들어 내는 결과물입니다. 이제 그 결과물을 함께 설계해 가는 여정을 시작해 보겠습니다.

사례 1) 가족 경영도 체계가 필요하다 – 수확부터 배송까지 역할 분담

"가족이라서 오히려 더 확실히 해둬야 하는 부분이 있었어요."

지방의 10인 미만 농산물 재배·배송 업체에서 경험한 사례입니다. 그 업체는 가족들이 함께 운영하는 사업체였습니다. 직접 재배한 농산물을 고객에게 신선하게 배송하는 것을 강점으로 내세워 왔고, 품질에 대한 고객 평가도 좋아서 주문량이 점점 늘고 있는 상황이었습니다.

하지만 주문이 늘면서 오히려 내적인 혼란이 생기기 시작했습니다. 수확, 포장, 발송 등 일의 양이 많아졌지만, 가족 구성원 누구나 상황에 따라 즉석에서 일을 나누는 방식으로 운영되다 보니 작업 효율이 떨어지기 시작한 것입니다. 포장이 깔끔하지 않다거나, 택배 송장을 잘못 붙여 다시 작업

해야 하는 일이 생기기도 했습니다. 또, 누구는 너무 적당히 한다는 불만이 쌓이기도 하고, 자신이 더 열심히 일한다고 느끼는 사람이 서운함을 드러내는 일도 늘어났습니다. 가족이라는 이유로 체계 없이 운영해 왔던 조직이 주문량의 증가와 함께 한계에 부딪힌 것입니다.

이런 상황에서 가족 구성원들은 잠시 시간을 내어 서로가 어떤 업무에 더 적합한지를 솔직하게 분석해 보기로 했습니다. 각자 어떤 작업에서 더 빠르고, 더 정확하며, 더 안정적인 성과를 내는지를 실제 결과를 기준으로 판단했습니다.

그 결과, 전체 공정 중에서 가장 '깔끔함'과 '일관성'이 요구되는 포장 업무는 모든 작업 중 손이 가장 빠르고 정리 능력이 뛰어난 구성원이 맡기로 했습니다. 고객이 처음으로 제품을 접하는 순간이 바로 포장을 열었을 때이므로, 포장은 브랜드 이미지와 직결되는 중요 작업이었기 때문입니다. 수확은 손이 빠르고 힘이 좋은 구성원이, 주문 확인과 택배 송장 부착은 꼼꼼한 성격의 구성원이 맡았습니다. 마지막으로, 트럭을 운전할 수 있는 구성원이 제품을 배송센터에 부치는 일을 전담하고, 그 길에 시장을 보고, 식사를 준비하는 역할을 맡기로 했습니다.

이렇게 업무를 재분배하고 난 뒤에는 재작업이 필요한 상황이 줄었고, 가족 간의 감정적 갈등도 현저히 줄었습니다. 자신이 잘할 수 있는 일에 집중하고, 서로의 강점을 인정하면서 효율과 만족도가 함께 높아졌습니다. 가족이라고 해도, 아니 가족이기 때문에 더 명확한 역할 구분과 책임감이 필요하다는 것을 이들은 체험을 통해 깨닫게 되었습니다.

A. 산업

농업 기반의 가족 경영 중소 사업체로, 직접 재배한 농산물을 포장하여 산지에서 고객에게 직송하고 있습니다.

B. 기업 규모

10인 미만의 가족 중심 사업장으로, 가족들 간의 협력과 역할 분담이 사업 운영의 핵심이었습니다.

C. 배경

주문량이 늘면서 기존의 유연한 작업 방식이 비효율을 낳기 시작했고, 작업 미스와 갈등이 발생하기 시작했습니다. 가족 구성원 간 역할이 명확히 정해지지 않았기 때문에 책임 소재가 흐려졌고, 재작업과 감정적 갈등으로 연결되었습니다. 누군가는 일을 더 많이 하고, 누군가는 적당히 한다는 생각 때문에 서운함을 드러내는 일도 생겼습니다.

D. 도전과제

누가 어떤 역할을 맡아야 효율이 높아질지 합리적으로 판단하고, 감정 상하지 않게 이를 조율하는 것이 과제였습니다. 특히 가족이라는 이유로 역할을 나누지 않고 무작정 일을 하던 방식에서 벗어나야 했습니다.

E. 해결 전략

각자의 작업 방식과 결과를 비교하면서 자연스럽게 '누가 어떤 업무에 적합한가'를 파악했습니다. 누구를 중심에 세우느냐가 아니라, 고객에게 최선의 품질을 제공하기 위한 실용적 판단이라는 공감대를 형성했습니다. 그리고 그에 맞게 역할을 정해 각자 담당 구역을 책임지도록 했습니다.

F. 성과

작업 정확도와 효율성이 높아졌고, 택배 포장이나 송장 부착에서 발생하던 실수가 현저히 줄었습니다. 가족 간 감정적 갈등도 줄었고, 서로의 능력을 인정하면서 일에 대한 자부심도 함께 높아졌습니다.

G. 시사점

소규모 사업장일수록 역할이 겹치고 경계가 흐려지기 쉽지만, 그럴수록 책임과 권한의 명확한 구분이 중요합니다. 가족 구성원이 함께 일한다고 해서 자연스럽게 협력 체계가 만들어지는 것은 아닙니다. 작은 규모일수록 체계가 없으면 갈등의 온상이 되기 쉽습니다. 이 사례는 단순한 가족 경영이 아니라 '운영되는 조직'으로 발전하기 위해 필요한 첫걸음을 잘 보여줍니다.

사례 2) 배운 건 활용한다 – 벨빈 팀 역할과 MBTI 기반 팀 구성

"처음엔 같이 일하기 좀 불편한 거 같아도 다양성 있는 팀이 생산적이었어요."

우리나라에서도 리더십 교육이나 팀워크 교육에서 벨빈의 팀 역할과 MBTI 이론이 종종 사용됩니다. 다만 정작 현장에서 충분히 활용되는 경우는 많지 않은 듯합니다. 하지만 영국에서는 이런 이론이 직원 교육으로만 끝나지 않고, 실제 현장 업무 수행에도 활용되는 사례를 볼 수 있습니다.

제가 접한 사례는 영국의 50인 미만, 전 직원이 사무직인 기업이었습니다. 이 기업은 조직 내 협업 효율성과 역할 배분을 개선하고자, 기존에 '이론' 수준에 머물던 팀워크 분석 도구들을 실제 업무에 활용하기로 했습니다. 먼저 벨빈의 팀 역할 이론과 MBTI 성격 유형을 기반으로 한 직원 진단을 실시했습니다. 벨빈 팀 역할은 개인이 팀 내에서 보이는 행동적 성향을 바탕으로 9가지 역할(예: 창조자, 조정자, 실현가, 완결자 등)로 구분하며, MBTI는 개인의 인지와 판단 스타일을 16가지 유형으로 분류합니다. 기업은 직원 전원에게 두 가지 도구의 진단지를 배포하여, 각각의 성향을 확인했습니다.

전문 강사가 이 결과를 바탕으로 직원 훈련을 진행했습니다. 1차 실습에서는 유사한 성향끼리 팀을 구성하여, 동일한 문제를 해결하도록 했습니다. 그 결과 완결자/J 성향이 강한 팀은 문제를 빠르게 분석하고 즉각 해답을 제시했지만, 그 해결책의 범위는 좁고 단편적이었습니다. 반면 창조자/P 성향이 강한 팀은 문제 해결 자체보다 문제의 본질과 배경을 탐구하는 데 시간을 많이 소요했고, 실행 가능한 결론에는 거의 도달하지 못했습니다.

2차 실습에서는 의도적으로 서로 다른 유형을 섞어 팀을 재구성했습니다. 즉, J와 P, 창조자와 실행자, 외향성과 내향성 등이 혼합된 이질적인 팀으로 구성해 문제 해결을 다시 시도했습니다.

그 결과는 흥미로웠습니다. 대부분의 직원은 "첫 번째 팀에서 활동할 때 더 편안했다"고 답했지만, "성과는 두 번째 팀이 더 나았다"고 평가했습니다. 다양한 성향이 모여 관점이 확장되었고, 각자의 아이디어가 다듬어지면서 실행 가능한 대안이 탄생한 것이었습니다. 직원들은 또한 자신과는 다른 관점을 들으면서 "시야가 넓어지는 기분이었다"고 평하기도 했습니다.

이후 회사는 이 실험 결과를 반영해 팀 구성이나 업무 배치 시 성향을 일부 참고하도록 시스템을 보완했고, 문제 해결 회의에서도 다양한 MBTI 성향과 벨빈 역할이 골고루 포함되도록 구성하기 시작했습니다.

A. 산업

영국에 위치한 서비스 기반의 중소기업으로, 창의성과 팀워크가 중요한 프로젝트를 주로 수행하는 조직입니다.

B. 기업 규모

50인 미만 규모로, 직원 간 커뮤니케이션과 협업이 업무 성과에 큰 영향을 미치고 있습니다.

C. 배경

리더십 교육과 팀워크 훈련의 일환으로 MBTI와 벨빈 팀 역할 진단을 실시하면서, 실질적인 현장 활용까지 이어지도록 시도한 프로젝트였습니다.

D. 도전과제

개별 성향을 진단하는 도구를 조직 설계와 실질적인 업무 협력에 효과적으로 연결하는 것이 핵심 과제였습니다. 서로 다른 성향의 직원들이 효과적으로 협업할 수 있는 방식을 직접 경험하게 할 필요도 있었습니다.

E. 해결 전략

진단 후 유사 성향 팀과 이질 성향 팀을 구성해 두 차례에 걸쳐 동일한 과제를 해결해 보게 했습니다. 그 과정을 통해 서로 다른 성향이 모였을 때 문제 해결이 더 정교하고 균형 있게 이뤄질 수 있다는 경험을 직접 체득하게 했습니다. 이 결과를 바탕으로 실제 업무 수행을 위한 팀 구성 시에도 성향의 다양성을 일부 반영하는 방향으로 운영 방식을 개선했습니다.

F. 성과

직원들은 자신의 성향을 이해함과 동시에, 다른 성향의 동료들과 함께 일할 때의 효과를 직접 체감했습니다. 이후 프로젝트와 회의 등에서 구성원의 다양성이 더 존중되기 시작했고, 성과 중심으로 팀 구성이 이뤄지며 협업의 질이 높아졌습니다.

G. 시사점

국내의 많은 조직이 MBTI나 벨빈을 자기 이해나 사내 교육 콘텐츠로만 활용하곤 합니다. 하지만 이 사례는 실제 업무와 연결된 설계를 통해 도구의 가치를 극대화하고 있습니다. 직원 개인 성향에 대한 이해를 조직 운영의 기준으로 적용한다면, 모든 직원이 자신의 성향과 맞는 자리에서 생산성을 낼 수 있게 되는 효율적인 인사전략이 될 수 있습니다.

더불어 서로 다른 관점과 역할이 충돌이 아닌 '보완'으로 인식될 수 있도록 함으로써 다양성을 존중하고, 차이점을 '틀린 것'이 아닌 서로 다른 관점을 가진 것이라고 볼 수 있도록 합니다. 조직 내부 갈등 해소에도 도움이 될 수 있는 시사점입니다.

사례 3) 팀 실적, 개인 실적 – 실적의 가시화와 평가 등급 쪼개기

"실적별로 근평 등급을 아주 세밀하게 쪼갰어요. 조별 생산성 확인해서 우수한 조는 한 주 동안 게시판에 이름을 올렸고요. 그게 다였어요."

100인 미만의 지방 제조업체는 오랜 기간 공정별 조 단위 생산 체계를 운영해 왔습니다. 그런데 어느 순간부터 특정 조장의 영향력 아래 생산성이 낮게 유지되고, 열심히 일하던 조원들이 오히려 괴롭힘을 당하며 퇴사하는 일이 반복되고 있었습니다. 조장은 임의로 낮은 목표를 설정하고, 기준 이상으로 생산성을 보이는 조원을 견제하거나 따돌렸습니다. 다른 조원들 역시 조장의 통제하에 '적당히 일하는 분위기'를 따르는 쪽을 선택했습니다. 관리직들도 이런 상황을 인지하고 있었지만, '현장 직원 함부로 건드리면 안 된다'며 방관하고 있었습니다. 일 잘하고 성실하던 직원이 더는 버티지 못하고 하나둘씩 회사를 떠났습니다.

이러한 분위기에 문제의식을 느낀 젊은 관리자 한 명이 나섰습니다. 그는 대표와 노측을 모두 설득해 생산직 평가 체계를 개편했습니다. 핵심은 성과에 기반한 공정한 차등 보상이었고, 평가 등급을 10단계 이상으로 아주 세밀하게 쪼갠 것이었습니다. 평가 등급별 월급 차이는 고작 몇만 원에 불과했지만, 이는 직원들에게 '조금이라도 더 노력하면 달라질 수 있다'는 신호가 되었습니다. 이러한 보상 체계는 현장 직원들에게 이익이 되기 때문에 노측이 반대할 이유가 없었고, 사측은 생산성이 높아질 것이라는 기대가 있었기 때문에 당연히 찬성했습니다.

평가 등급을 세밀하게 쪼개는 건 관리자의 일이 더 늘어난다는 의미긴 했습니다. 하지만 본인이 제안했기 때문에 관리자는 기꺼이 매월 수십 명의 월급을 등급별로 산정하는 작업을 맡아서 했습니다. 관리자는 또한 조별 생산성 평가 결과를 매주 진행하고, 우수한 조들을 게시판에 공개해 건강한 경쟁을 유도했습니다. 조별 평가를 잘 받는다고 해서 사실상 직원들에게 곧바로 이익이 되진 않았습니다. 하지만 다른 조의 이름을 게시판에서 보게 되면서 조장들의 경쟁심이 자극받았습니다. 그들은 조원들을 독려해서 더 빠르게, 불량률 없이 작업하는 데 몰두하게 되었습니다. 연말에는 가장 오랜 기간 우수 조로 선정된 팀에게 소정의 상금과 함께 표창을 수여했고, 다음 해에는 다들 더 열심히 해야겠다는 의욕을 불어넣게 되었습니다.

개인의 평가 점수는 직원 간 위화감을 최소화할 수 있도록 세밀하게 조정했고, 조별 평가 지표는 조직 전체의 생산성을 자극하는 장치가 되었습니다. 조장 중심의 느슨한 업무 윤리는 사라지고, 더 높은 생산성과 낮은 불량률을 달성하기 위한 조원 간의 협력과 선의의 경쟁이 시작되었습니다.

회사는 전체 인건비를 소액 늘리는 것만으로 생산성을 향상시켰고, 직원들 또한 작은 보상이 만들어 낸 동기 속에서 자율적 개선 문화를 받아들이게 되었습니다.

A. 산업

지방 제조업으로, 작업조 단위의 공정 생산 방식을 갖고 있었습니다.

B. 기업 규모

100인 미만의 중소 제조기업으로, 관리직과 생산직 간에 명확한 역할 분담이 이루어져 있었으며, 현장 직원의 영향력이 강한 조직문화였습니다.

C. 배경

생산조 내 조장의 영향력이 과도하게 작동하면서, 조직 내부에서 생산 목표치가 고의적으로 낮춰지고 성실한 직원이 오히려 이탈하는 일이 반복되었습니다.

D. 도전과제

조직 내 조장 중심의 보이지 않는 위계와 무사안일한 분위기를 해소하고, 직원 간 불필요한 견제를 없애면서도 갈등을 최소화한 공정한 인센티브 체계를 마련해야 했습니다.

E. 해결 전략

변화를 주도한 관리자는 노측과 대표를 모두 설득해 제도적 합의를 이끌어냈습니다. 생산성 평가 체계를 개편해 등급을 10여 단계로 세분화하고, 등급별 급여 차등을 도입했습니다. 차등 폭은 크지 않되 동기부여에는 충분한 수준으로 설정했습니다. 매주 조별 평가를 진행하고 우수한 조를 공개적으로 게시함으로써 선의의 경쟁을 유도하고, 조장을 중심으로 생산성을 높이기 위해 노력하는 분위기를 조성했습니다.

F. 성과

직원들의 태도에 실질적 변화가 생겼고, 과거에 비해 더 높은 생산성과 낮은 불량률을 기록하게 되었습니다. 낮은 생산성이 기준치가 되던 과거는 사라지고, 회사는 인건비를 소액 증액하는 것만으로 긍정적인 변화와 성과를 경험했습니다.

G. 시사점

더 노력하면 더 많이 받게 된다는 믿음은 직원의 생산성을 크게 좌우합니다. 다음 등급에 도달할 때까지 갈 길이 너무도 멀면 직원은 쉽게 포기합니다. 하지만 등급을 잘게 세분화하여 코앞에 닿을 듯한 목표를 주면, 직원은 조금만 더, 조금만 더 하며 힘을 냅니다.

인센티브는 꼭 큰 액수가 아니어도 되며, '노력하면 보상이 따른다'는 신뢰가 핵심입니다. 물질적인 인센티브의 효과도 있었으나, 근평 등급이 바뀌면서 명예욕이 충족되는 효과도 있었습니다. 거기에 더해 조별 경쟁이 독려되면서, 열심히 하면 게시판에 일 잘하는 조로 이름을 올리고, 전 회사 차원에서 인정받는 명예도 누릴 수 있게 되었습니다. 사측이 실질적으로 지출한 것은 약간의 추가 인건비에 불과했으나, 평가하고 지급하는 방식을 개선하면서 직원이 삼중으로 보상을 받게 된 것입니다.

보상이 이중, 삼중으로 중첩되면 행동은 더욱 강화됩니다. 생산성을 높이기 위한 노력이 조직의 문화로 자리 잡기까지는 그리 오랜 시간이 걸리지 않았습니다.

사례 4) 기업의 시야를 넓히기 위해 – 채용 방식 개선

"마음에 드는 사람을 뽑는 게 아니라, 뽑는 방식을 잘 짜는 것입니다."

지방에 위치한 한 300인 미만의 제조업체에서 경험한 사례입니다. 이 회사는 한때 빠르게 성장했지만, 어느 순간부터 조직 전체가 정체된 듯한 느낌을 주고 있었습니다. 매출은 그럭저럭 유지되고 있었지만, 조직 분위기에는 새로운 자극이 없었고, 임직원 모두가 더 나아지기 위한 '의지'나 '아이디어'를 공유하지 못하고 있었습니다.

임원들은 이 문제를 해결하기 위해 여러 차례 회의를 했고, 전 직원 간담회도 열어 봤지만 뾰족한 해결책이 나오지 않았습니다. 그런데 어느 날, 신입사원 면접 과정에서 생각지 못한 통찰이 나왔습니다. 서류를 통과한 지원자들의 이력서를 보니 스타일이 모두 비슷했고, 학력과 전공, 심지어 학교도 임원들과 겹치는 경우가 많았습니다.

임원들은 그제야 너무 비슷한 사람들만 계속 채용해 왔다는 사실을 깨달았습니다. 비슷한 배경, 비슷한 생각, 비슷한 언어를 가진 구성원만 채용하다 보니, 조직 전체의 관점이 넓어지지 못하고 있던 겁니다. 변화의 흐름을 감지하지 못한 채, 기존 방식에만 의존하는 방식이 지속되었던 것이었습니다.

임원들 중 일부는 "그래도 우리가 뽑은 사람들은 다 일을 잘했는데, 뭐가 문제냐"고 주장하기도 했습니다. 그러나 그런 주장은 곧 반박되었습니다. 임원들이 면접을 보는 대상은 이미 서류심사를 통과한 집단이었고, 누구를 뽑아도 '기본'은 하는 인재였습니다. 임원들의 눈이 정확했다기보다, 서류 필터가 작동한 결과였던 셈입니다.

사장은 이 문제를 조직의 '시스템 문제'로 받아들였습니다. 그 결과, 임원들을 신입 채용 면접에서 배제하기로 했습니다. 대신 각 부서의 실무자들이 면접에 참여하도록 했고, 그들에게 내려진 지침은 단 하나였습니다. "당신이 같이 일하고 싶은 사람을 뽑으세요."

그러자 조금씩 다른 유형의 사람들이 채용되기 시작했습니다. 하지만 이 실무자들 역시 과거에 임원들이 채용한 사람들이었기 때문에, 관점이나 기준이 여전히 제한적일 수밖에 없었습니다. 사장은 결국 자신도 그들과 큰 차이가 없다는 점을 인정하고, 큰 결심을 했습니다. 외부에서 조직 혁신 경험이 있는 임원을 새롭게 영입한 것입니다. 새로 온 임원에게는 이렇게 요구했습니다. "시도하는 게 다 성공할 필요는 없습니다. 절반만 성공하는 걸 목표로 해주세요."

이는 기존 계약직 임원이 한 번의 실수로도 교체되는 환경에서 볼 때 제법 관대한 조건이었습니다. 비록 50%의 성공률도 높은 편이긴 했지만 말입니다. 새로 온 임원은 그 신뢰를 바탕으로 조직 다양성 확대, 평가 기준 재정립 등 점진적인 혁신을 추진하고 있습니다. 아직 뚜렷한 성과가 나온 것은 아니지만, 조직 내에서는 오랜만에 '무언가가 달라지고 있다'는 분위기가 감지되고 있습니다.

A. 산업

지방의 제조업 기반 기업입니다. 전통적인 공정 중심으로 운영되어 왔으며, 오랫동안 안정된 매출과 조직 구성을 유지해 온 기업입니다.

B. 기업 규모

300인 미만의 규모로 중간 관리자급 이상의 인력은 장기 근속자 중심으로 구성되어 있었으며, 경영진과 관리자들 간의 네트워크도 밀접한 편이었습니다.

C. 배경

조직의 분위기와 성과가 더 이상 개선되지 않는 정체 상태가 지속되었습니다. 신입 채용 면접에서 지원자들의 이력서가 너무 유사하다는 점을 인지하면서, 조직 다양성 부족이 그 원인 중 하나라는 점이 드러났습니다.

D. 도전과제

임원들이 면접에 참여하여 자신들과 비슷한 성향의 구성원만 반복적으로 채용되면서 새로운 관점이 조직 내부로 유입되지 않았습니다. 이로 인해 문제 인식과 해결 방식에도 한계가 있었습니다. 결국, 기존 의사결정 방식의 관성을 깨야 했습니다.

E. 해결 전략

사장은 신입 채용 과정에서 임원을 배제하고, 실무자가 면접을 진행하도록 변경했습니다. 실무자들에게 '같이 일하고 싶은 사람'을 뽑으라는 기준을 제시해 주었습니다. 또한 사장 본인도 자신과 조직의 한계를 인정하고 조직 혁신을 주도해 본 외부 전문가를 임원으로 영입했습니다. 새 임원에게는 '절반만 성공해도 된다'는 심리적 안정 조건을 보장하며 혁신을 독려했습니다.

F. 성과

아직 뚜렷한 수치상의 성과는 도출되지 않았지만, 조직 내 구성원들이 변화의 흐름을 인지하고, 그에 참여하려는 분위기가 형성되기 시작했습니다. 다양한 관점을 가진 구성원이 유입되며, 내부 대화의 결이 바뀌고 있습니다.

G. 시사점

지속 가능한 조직은 다양성과 유연성을 기반으로 설계되어야 합니다. 끝없는 성장을 목표로 한다면, '이 정도면 충분하다'는 내부의 합의에 안주하지 말고, 의식적으로 외부의 시선과 새로운 관점을 조직 안으로 유입시켜야 합니다.

채용은 단순히 사람을 뽑는 과정이 아닙니다. 어떤 기준으로, 어떤 방식으로 사람을 선발하느냐가 결국 조직문화의 방향을 결정짓는 핵심 장치입니다. '내가 편한 사람'이 아니라 '우리 조직에 필요한 사람'이 누구인지를 기준으로 삼아야 합니다. 만약 면접에 참여하는 구성원들이 그런 관점을 갖추기 어렵다면, 과감하게 채용 방식 자체를 바꾸는 것도 조직을 위한 올바른 선택이 될 수 있습니다.

익숙한 방식에서 벗어나, 다른 시각과 배경을 가진 인재를 조직 안으로 들이는 것. 그것이 바로 다양성을 실현하는 첫걸음이며, 불확실한 시대 속에서도 살아남는 조직의 채용 전략입니다.

성과는 잘 설계된 팀워크에서 나옵니다. 중소기업은 제한된 인원과 자원을 바탕으로 높은 효율과 성과를 요구받는 환경에 놓여 있습니다. 이런 환경에서 조직의 생산성을 좌우하는 핵심 요소는 '개별 구성원의 역량'이 아니라, 역할을 명확히 구분하고 서로 유기적으로 협력하는 '팀워크'입니다.

이번 장에서 살펴본 사례들은 단순히 열심히 일하는 직원을 채용하거나 팀 분위기를 좋게 만들기 위한 시도에 그치지 않았습니다. 실질적인 구조의 재설계, 공정한 역할 분배, 성향에 기반한 협업 방식, 공정한 평가 체계, 다양성을 반영한 채용 방식 개편 등 구체적이고 실천적인 변화를 추구해 왔습니다.

어떤 조직은 가족 간 신뢰를 바탕으로 한 '눈치로 나누는 일'의 한계를 극복하기 위해, 각자의 강점에 따라 역할을 정비했습니다. 또 어떤 조직은 교육 과정에서 배운 도구를 실제 팀 운영에 접목해 다양성이 있는 팀이 더 창의적이고 효과적일 수 있다는 사실을 실험을 통해 확인했습니다. 한 제조업체는 섬세한 인센티브 설계를 통해 직원의 태도를 바꾸고, 모두가 생산성을 높이기 위해 노력하는 문화를 정착시켰습니다. 또 다른 기업은 정체된 조직의 문제점을 인식하고 채용 전략을 바꾸는 결단을 통해 다양성이 유입될 수 있는 환경을 만들기 시작했습니다.

이 모든 사례가 말해주는 공통된 메시지는 분명합니다. 성과는 우연히 발생하지 않으며, 생산적인 팀워크는 의도적으로 설계되어야 한다는 점입니다.

팀워크란 그냥 좋은 사람들이 모이면 생기는 결과가 아닙니다. 명확한 역할, 공정한 보상, 다양성의 존중, 그리고 변화와 실험을 두려워하지 않는 조직의 태도가 있을 때 비로소 생산적인 팀워크가 자리 잡습니다. 성과는 그런 합리적 조직이 만들어 낸 산물입니다.

마무리하며

중소기업은 언제나 불확실성과 제약 속에서 살아갑니다. 자본도, 시간도, 인력도 넉넉하지 않습니다. 대기업처럼 세분화된 시스템이 있는 것도 아니고, 한 사람의 빈자리를 여러 명이 메꿀 여유도 없습니다. 그렇기에 중소기업에서의 인력 관리는 그 어떤 조직보다 절실하고, 때로는 조직의 성패를 가늠하는 핵심 요소가 되곤 합니다.

이 책은 중소기업들이 겪는 다양한 인력 관리의 현실과 그에 대한 구체적인 대응 방식을 사례 중심으로 담았습니다. 불완전함과 시행착오, 때로는 다소 투박하지만 진심 어린 시도들, 그리고 실패를 교훈 삼아 바꾸어간 실제 변화의 과정을 통해 현실적인 통찰을 전달하고자 했습니다.

여러 사례 속에서 반복해서 드러나는 메시지는 하나였습니다. 기업의 인사와 조직 운영은 시스템보다 사람이 먼저라는 것입니다. 사람 간의 갈등이 제도보다 앞서고, 사람 간의 신뢰가 성과보다 중요하며, 사람이 만들어 가는 방향성이 조직의 지속가능성을 결정합니다.

그렇다고 감정으로 움직이는 조직이 되어야 한다는 뜻은 아닙니다. 오히려 이 책에 등장하는 사례 속 기업들은 현실적이고 구체적인 방식으로 문제를 설계하고, 사람의 특성과 행동을 이해하려는 노력을 기울였습니다.

능력 있는 사람을 뽑으려고만 하지 말고, 모두가 능력을 발휘할 수 있도록 업무 설계를 하는 것, 눈먼 노력을 독려하는 것이 아니라, 직원의 노력이 성과로 이어지는 환경을 조성하는 것, 신뢰하라는 말 대신, 신뢰를 주고

받을 수 있는 과정을 설계하는 것. 그게 바로 이 책을 통해 전하고자 했던 핵심입니다.

이 책은 정답을 제시하지 않습니다. 하지만 각 사례는 여러분의 조직에 필요한 질문을 던질 수 있는 실마리가 될 수 있을 것입니다. 여러분은 어떤 방식으로 직원을 채용하고 있습니까? 그렇게 채용된 직원에게 어떤 방식으로 역할과 업무를 배분하고 있습니까? 열심히 일하던 인재를 소진시키고 떠나보내는 시행착오를 계속 답습하고 있진 않습니까?

이런 질문들에 정직하게 답하고, '사람'을 보는 실천을 시작하고자 한다면, 이미 여러분의 사업장은 더 나은 방향으로 움직이고 있는 것입니다.

사람 때문에 고민하는 중소기업이라면, 그 고민 속에서 답을 찾고자 하는 조직이라면, 이 책은 언제든 다시 펼쳐볼 수 있는 동료가 되어 줄 것입니다. 길이 보이지 않을 때는 항상 사람을 통해 길을 찾으시길 바랍니다.